writing & debate

대학 글쓰기와 토론

서재원 지음

북스힐

연습문제 10

■ 다음은 고흐의 〈방〉이라는 작품이다. 이 그림을 한 단락이나 두 단락으로 묘사해 보자.

연습문제 11

■ 다음은 클림트의 〈키스〉라는 작품이다. 이 그림을 한 단락이나 두 단락으로 묘사하라.

머리말

대학에서 오랫동안 '대학 글쓰기와 토론'을 가르쳐왔다. 외국의 경우 중, 고등학교 시절에 이미 글쓰기와 말하기를 공부하고 대학에 들어오지만, 우리의 경우는 불행히도 입시에 쫓겨 글쓰기와 토론을 충분히 공부하지 않은 상태로 대학에 들어온다. 그러나 대학에서의 공부란, 전공에 관계없이, 문제의식을 갖고 다양한 책들을 읽고 테마를 정하여 자신의 생각을 정리하는 글쓰기의 형태로 이루어진다. 또한 자신의 생각을 다른 사람들과 나누는 소통 능력이 요구된다.

대학에서 '대학 글쓰기와 토론'을 가르치면서 가장 어려웠던 것은 학생들의 수준에 맞는 글쓰기 책을 선정하는 부분이었다. 물론 글쓰기와 말하기에 관한 책은 다양하게 이미 출간되어 있으며 그 수준 역시 훌륭한 것이 많이 있다. 그러나 막상 수업 시간에 사용하는 학생들의 교재로 선정하려면 어떤 교재는 현학적이고, 어떤 교재는 시대에 뒤떨어져 사용하기가 어려웠다. 또한 만나는 학생들의 전공과 수준과 흥미 정도에 따라 사용할 수 있는 책이 한정된다. 결국 이런 이유로 이 책을 집필하게 되었다.

이 책을 집필할 때 저자는 다음과 같은 3가지 원칙을 염두에 두었다. 첫째 이 책의 독자를 한국의 일반적인 대학생으로 선정하였다. 그래서 전문적이고 철학적인 텍스트보다는 일반적이고 일상적인 텍스트를 자료로 선정하였다. 둘째는 이론 중심이 아니라 실제 수업에 사용할 수 있도록 목차를 정하였다. 글쓰기와 토론을 한 학기에 함께 공부하는 것으로 구상하였는데, 글쓰기 수업을 2달 정도, 말하기 수업을 1달 정도로 배분하였다. 마지막으로 학생들이 실제 수업 시간에 글쓰기를 할 수 있도록 연습 문제를 가능하면 많이 만들었다.

대부분의 대학교에서 교양과목으로 설정된 '대학 글쓰기와 토론(말하기)' 과목은 다른 전공 과목에 비해 강사의 노력과 희생을 많이 요구하는 교과목이다. 대부분의 학교가 한 반에 40여 명의 많은 학생들을 배치한다. 한 학기 강사가 학생의 글을 2번 정도 첨삭한다고 하여도 학생의 글을 읽고 첨삭하는 데에 꼬박 한 주의 시간이 요구된다. 거기에다 조별로 학생들의 토론을 지도하려면 이메일이나 면담을 통해 수시로 학생들과 시간을 가져야 한다. 대학에서는 학생 수가 줄어들수록 대학 글쓰기 교육의 효과가 커진다는 사실을 잊지 말아야 할 것이다.

'대학 글쓰기와 토론' 과목의 경우, 강사가 학생들과 인간적으로 친밀하게 소통하고 신뢰를 얻지 못하면 글쓰기 수업 자체가 이루어지지 않는다. 게다가 토론의 경우 같은 조가 된 구성원 간에 소통과 신뢰가 형성되지 않으면 역시 토론 자체가 이루어지지 않는다. 그러므로 '대학 글쓰기와 토론'은 시대와 구성원의 관심사와 구성원의 욕망을 예민하게 읽어내어, 매 학기 새롭게 강의를 기획하여야 하는 어려운 과목이다.

저자는 여러 대학에서 학생들과 수업을 하면서 실제 수업 시간에 효과를 보았던 이론과 경험에 근거하여 이 책을 집필하였다. 젊은 학생들의 희망과 절망, 보람과 고민을 들을 수 있는 글쓰기 시간은 항상 즐거웠다. 또한 젊은 학생들의 신선한 시각과 열정을 만날 수 있는 토론 시간 역시 항상 행복했다. 이 책이 대학에 갓 입학하여 글쓰기를 배워가는 대학생들에게 길잡이가 되면 좋겠다. 또한 열악한 상황을 감수하고 대학에서 학생들에게 사랑으로 글쓰기를 강의하고 스스로 실천하는 강의자들에게 대화와 소통의 마당이 되면 좋겠다.

오랫동안 원고를 준비했지만 부족한 것이 많다. 책을 묶을 수 있도록 도와주신 북스힐 출판사 사장님과 식구들에게 고마움을 전한다. 그리고 무엇보다 나와 함께 글쓰기 수업을 했던 대학생들과 앞으로 만나게 될 친구들이 글쓰기로 인해 더 행복해지면 좋겠다.

저자 씀

〈대학 글쓰기와 토론〉 교과목 개관

1. 교과목 개요

〈대학 글쓰기와 토론〉은 글쓰기 능력과 말하기 능력을 향상시킴으로써 일상생활과 사회 활동에서 의사소통을 원활히 하는 능력을 배양하는 것을 목표로 한다.

대학생들에게는 전문 지식을 습득하는 것 못지않게 전문적 지식을 어떻게 전달할 것인가 하는 글쓰기 능력과 말하기 능력이 중요하다. 이에 글쓰기 능력을 키우기 위한 기초적 단계와 대학생에게 요구되는 글쓰기를 연습하고 다른 사람들과 의사소통을 원활히 할 수 있는 토론 능력을 키우고자 한다.

2. 교육목표

1) 대학생으로서 글쓰기와 말하기를 통해 자신의 생각과 느낌을 통합적으로 표현할 수 있는 능력을 키운다.
2) 교양인으로서 생활에서 사용하는 다양한 글쓰기 능력을 키운다.
3) 전문인으로서 대학과 직장에서 필요한 의사소통 능력을 키운다.

3. 〈대학 글쓰기와 토론〉 교과목에 대한 학습 성과 설정

1) 국어문법을 올바르게 아는 능력

2) 한 편의 글을 논리적으로 쓸 수 있는 능력

3) 이력서와 자기소개서를 쓸 수 있는 능력

4) 자신의 의견을 논리적으로 표현할 수 있는 능력

5) 논제에 대하여 토론할 수 있는 능력

6) 현대사회와 자신의 직업에 대한 이해 능력

4. 강의방법

강의는 크게 글쓰기와 말하기에 따라 두 가지의 방법으로 진행한다.

1-1. 교수의 강의 위주 진행 방법

수업 시간에 글쓰기의 의미나 과정을 설명하고 실습 위주의 글쓰기를 위해 쓰기 숙제를 내주는 방법이다. 학생들은 한 학기 동안 다양한 글쓰기를 체험한다. 우선 〈스무 살의 자서전〉이라는 제목으로 첫 시간에 자신의 삶을 정리하는 글을 써서 제출한 후 강사의 첨삭지도를 받는다. 수업 중에는 '묘사' 부분에서 수업 시간에 한 편의 글을 써본다. 또한 과제물로 이력서와 자기소개서를 제출하고 평가 받아야 한다.

1-2. 학생들의 그룹 토론

학생들은 7명이 한 조로 팀을 구성하여 토론주제와 조장을 자율적으로 결정한다. 사회자 1명, 찬성자 3명, 반대자 3명을 뽑고 '입론'을 정리한 후 자신에게 지정 질문을 던질 반대편 토론자와 사회자에게 메일로 전해준다. 또한 자신이 받은 반대편의 입론에 대한 '질문'을 정리한 후 사회자에게 메일로 보낸다. 토론 당일에는 질문에 대한 '답변'을 즉석에서 하여야 한다. 토론은 녹음을 하며 이후 팀원들끼리 녹음을 들어보며 서로의 말하기에 대하여 이야기 나눈다. 이후 팀별로 결과물을 제출하고 평가 받아야 한다. 과제물에는 경과보고, 토론문, 토론소감이 들어가야 한다.

차 례

첫 째 마 당

글쓰기 준비

1 대학 생활과 글쓰기

(1) 대학에서의 교양

대학에서의 교양교육은 전공 영역과 함께 중요한 부분이다. 대학생들은 전문적인 능력을 획득하는 데 그치지 않고 여러 학문 영역 간의 관계를 파악하고 가치를 형성하며 더불어 사는 사회구성원으로서 공동선(公同善)을 증진 시키는 데 일조할 수 있어야 한다. 모든 전문성은 보편성이라는 기초 위에서만 존립이 가능하다. 보편과 전문의 상관관계를 고려할 때 전문성과 보편성의 조화라는 차원에서, 대학생은 전공교육과 교양교육의 중요성을 동시에 인식하여야 한다.

오늘날과 같이 지식의 생산과 분배, 소통을 지향하는 지식기반 정보화 사회에서 교양교육은 매우 특별한 의미를 지닐 수밖에 없다. 이제 대학생들은 새로운 정보를 단순히 받아들이는 수동적 대상이 아니라, 정보를 통합하여 새로운 지식을 창출하는 능동적 주체가 되어야 한다. 또한 교수 역시 단순히 정보를 전달하는 역할이 아니라 학생들이 스스로 정보를 판단하고 통합할 수 있는 능력을 길러주어야 한다. 과거에는 교육을 단순히 '지식 전달'이라고 생각했지만 최근에는 '지식 창출'이라고 생각하게 되었다.

현행 대학 교육은 근대 이후 학문의 세분화가 이루어진 상황을 반영하고 있다. 즉 수학자들은 '수식 안에서', 작가들은 '단어 안에서', 음악가들은 '음표 안에서' 소통하고 있다. 이런 상황에서 교양과목은 자신의 전공과 다른 학문을 엮어줄 수 있는 연결 고리가 된다.

많은 대학들은 21세기에 적합한 학생들을 교육하기 위해 교양의 중요성을 새롭게 강조하고 있다. 교양교과의 목표는 크게 기초 학문의 내실화와 인성 교육의 강화로 요약할 수 있다. 어떤 의미에서 교양교육의 가치는 대학 시절이 아닌 졸업 이후의 사회생활 속에서 그 가치를 드러내게 될 것이다. 각자의 전문 영역에서 사회생활을 하면서 창의성과 인성을 중요시했던 교양교육의 가치를 인지하게 될 것이다.

최근 대학에서는 글쓰기 교육의 중요성을 인지하고 강화하고 있는 추세이다. 일부 대학에서는 학부대학이나 기초대학 혹은 교양대학을 두어 글쓰기 교육을 강화하고 있으며, 또 미국의 글쓰기 센터(Writing Center)를 모델로 하여 21세기에 맞는 글쓰기 교육을 정비해 가고 있다. 이러한 과정에서 눈에 띄는 것은 글쓰기는 전공과 관계없이 모든 학문의 영역에서 기본교양이 된다는 사실이다.

기존 제도 교육에서 글쓰기란 글쓰기를 직업의 기반으로 하는 일부 인문과학을 전공하는 학생들에게만 필요한 것으로 인식되어 왔다. 그러나 새로운 것을 만들어 내고 인간의 상상력을 현실화하는 자연과학도나, 사회의 변화를 선도해야 하는 사회과학도에게도 글쓰기란 중요한 작업이다. 글쓰기는 제품이나 기업에 대한 이미지를 창조하는 마케팅을 배우는 경영학도나 실제 사람 간의 서비스를 제공하는 서비스학도나 새로운 제품을 만들어 내는 공학도에게도 창의성과 논리성을 배울 수 있는 가장 기본적인 교양과목이다.

(2) 글 한 편 써보기

글과 친해지기 위해서는 부담을 느끼지 않는 글을 한 편 써보는 것이 중요하다. 대학에 들어온 학생들은 중고등학생과는 다르게 성인이 된 자신의 현재를 점검하고자 하는 욕망을 느낀다. 자신을 성찰하는 글이야말로 우리가 가장 쉽게 접근할 수 있는 테마이다. 글쓰기의 첫 단계는 자신의 인생사에 대한 정보를 제공하는 것, 다시 말해 내가 어떻게 살아왔고 살고 싶은지와 관련된다.

필립 르죈의 『자서전의 규약』에 의하면, 자서전이란 한 인물이 자신의 존재를 소재로 하여 개인적인 삶, 특히 자신의 인성(人性)의 역사를 중점적으로 이야기한 과거 회상형의 글이다. 대부분의 자서전은 가족사(家族史)와 자신의 출생에서 시작하여, 삶의 틀과 운명을 바꾸어버린 사건을 서술한다. 우리는 루소의 『고백록』을 자서전의 모범으로 볼 수 있다. 자서전은 '증언과 고백'의 욕망과도 관련을 맺는다. 보통 자서전은 유년기, 소년기, 청년기, 장년기, 노년기의 삶을 연대기적으로 다루고 있다. 유년기에는 가족 간의 관계에 관하여, 소년기에는 학교생활과 우정과 꿈에 관하여, 청년기에는 사랑과 결혼과 직업에 관하여, 장년기에는 아이들의 독립과 은퇴에 관하여, 노년기에는 인생의 의미와 죽음에 관하여 서술한다.

어린 시절 우리의 글쓰기가 하루 생활을 고백하는 일기로 시작되었듯, 대학 글쓰기 역시 자신의 20년간의 생활을 고백하는 자서전 형식의 글쓰기로 시작되는 것이 자연스러울 것이다.

연습문제 01

■ 다음의 노래를 듣고 과거-현재-미래, 3단락으로 이루어진 〈스무 살의 자서전〉을 써보자.

(1) 대중가요인 GOD의 1집에 실린 '어머님께' 를 들어 보자.

♪♬ 어머님께 ♪♬

(어머니) (보고싶어요)

어려서부터 우리집은 가난했었고/
남들 다하는 외식 몇번 한 적이 없었고/
일터에 나가신 어머니 집에 없으면/
언제나 혼자서 끓여먹었던 라면/
그러다 라면이 너무 지겨워서/
맛있는 것 좀 먹자고 대들었었어./
그러자 어머님이 마지못해 꺼내신/
숨겨두신 비상금으로 시켜주신/
자장면 하나에 너무나 행복했었어./
하지만 어머님은 왠지 드시질 않았어./
어머님은 자장면이 싫다고 하셨어./
어머님은 자장면이 싫다고 하셨어.//

(야이 야아아 그렇게 살아가고
그렇게 후회하고 눈물도 흘리고
야아이 야아아 그렇게 살아가고
너무나 아프고 하지만 다시 웃고)

중학교 일학년때 도시락 까먹을때/
다같이 함께 모여 도시락 뚜껑을 열었는데/
부잣집 아들 녀석이 나에게 화를 냈어/
반찬이 그게 뭐냐며 나에게 뭐라고 했어/
창피해서 그만 눈물이 났어/
그러자 그녀석은 내가 운다며 놀려댔어/
참을 수 없어서 얼굴로 날아간 내주먹에/
일터에 계시던 어머님은 또다시 학교에/
불려오셨어 아니 또 끌려오셨어/
다시는 이런 일이 없을 거라며 비셨어/
그 녀석 어머님께 고개를 숙여 비셨어/
우리 어머니가 비셨어//

(야이 야아아 그렇게 살아가고
그렇게 후회하고 눈물도 흘리고
야아이 야아아 그렇게 살아가고
너무나 아프고 하지만 다시 웃고)

아버님 없이 마침내 우리는 해냈어/
마침내 조그만 식당을 하나 갖게됐어/
그리 크진 않았지만 행복했어/

주름진 어머님 눈가에 눈물이 고였어/
어머니와 내 이름의 앞 글자를 따서/
식당이름을 짓고 고사를 지내고/
밤이 깊어가도 아무도 떠날 줄 모르고/
사람들의 축하는 계속되었고/
자정이 다 되서야 돌아갔어/
피곤하셨는지 어머님은/
어느새 깊이 잠이 들어 버리시고는/
깨지 않으셨어. 다시는//

난 당신을 사랑했어요
한번도 말을 못했지만
사랑해요
이젠 편히 쉬어요
내가 없는 세상에서
영원토록

(야이 야아아 그렇게 살아가고
그렇게 후회하고 눈물도 흘리고
야아이 야아아 그렇게 살아가고
너무나 아프고 하지만 다시 웃고)

(2) 노래분석

이 노래는 돌아가신 어머니를 추모하면서 어머니의 사랑을 회고하는 세 개의 에피소드를 이야기한 후, 어머님께 한 번도 말하지 못한 사랑을 고백하는 내용을 담고 있다. 이 가사에는 어린 시절과 학창 시절과 청년 시절이 나오는데, 그 연결고리는 '가난과 어머니의 사랑' 이다.

노래의 주인공은 어린 시절에 집이 가난하여 라면만 먹었는데, 라면이 먹기 싫다고 투정하면 어머니는 숨겨둔 비상금으로 자장면을 시켜 주셨다. 그런데 꼭 한 그릇만 시켜 주시면서 어머니 당신은 자장면이 싫다고 하셨다. 또, 학창 시절에 집이 가난하여 반찬으로 김치만 가져오는 나의 도시락을 친구 녀석이 비웃어 놀린 적이 있었다. 그래서 화가 난 나는 친구를 한 대 때렸다. 그 사건 때문에 어머니는 학교에 불려와 그 녀석 어머니께 무릎을 꿇고 용서를 빈다. 마지막으로, 노력 끝에 어머니의 이름과 나의 이름을 한 자씩 딴 식당을 열게 되었다. 고사를 지내고 피곤한 어머니는 이내 깊은 잠에 들었는데, 다시는 잠에서 깨어나지 못했다는 내용이다.

이 노래는 어머니의 사랑과 어머니에 대한 그리움을 담고 있다. 가난한 살림에 아들을 먹이려고 당신은 자장면이 싫다고 거짓말하시는 부분이나, 아들을 위해서 무릎도 꿇을 수 있는 용기, 그리고 고생 끝에 행복을 맛보려는 순간 죽음의 세계로 가 버리는 비극적인 내용이 서정적인 가사와 함께 전달되어 코끝을 찡하게 한다.

연습문제 02

■ 스티브 잡스의 '스탠포드 졸업 연설문' (2005년 7월 13일)을 참고하여 자신의 생애를 세 가지 이야기로 구성하여보자.

세계 최고 대학 중 한 곳의 졸업식에 참석하게 되어 영광입니다. 나는 대학을 졸업한 적이 없습니다. 솔직히 오늘이 대학 졸업식을 가장 가까이에서 본 것입니다. 오늘 저는 제 인생의 세 가지 이야기를 들려드릴까

합니다. 그게 전부입니다. 대단한 이야기는 아닙니다. 단지 세 가지 이야기일 뿐입니다.

첫째 이야기는 '점을 잇는 것' 에 대한 겁니다.

나는 리드 대학(미국 오레곤 주에 있는 명문 대학-역자 주)을 6개월 다니다가 그만두었습니다. 그리고 18개월 동안은 대학 안에서 어슬렁거리다가, 그 이후 진짜 그만두었습니다. 왜 그랬을까요?

이건 내가 태어나기도 전의 이야기입니다. 내 생모는 대학생이었고, 나를 입양시키기로 했습니다. 그녀는 내가 반드시 대학을 졸업한 부부에게 입양되어야 한다고 생각했습니다. 그래서 어떤 변호사 부부에게 입양하기로 약속되어 있었습니다. 그러나 그 변호사 부부는 마지막 순간에 "딸을 원한다"며 마음을 바꿨습니다. 그래서 나의 양부모는 한밤중에 이런 전화를 받았습니다. "우리는 원치 않는 아들을 낳았습니다. 이 아이를 입양하시겠어요?" 양부모님은 "물론이죠."라고 말했습니다. 나의 생모는 그러나 나의 양모가 대학을 나오지 않았고 양부는 고등학교도 나오지 않았음을 알았습니다. 생모는 그래서 입양서류에 사인하길 거부했습니다. 몇 개월 뒤 그녀는 나의 양부모로부터 나를 꼭 대학에 보내겠다는 약속을 받은 뒤에야 마음을 누그러뜨렸습니다.

그리고 17년 후, 나는 대학에 갔습니다. 그러나 나는 순진하게도 스탠포드만큼 학비가 많은 대학을 골랐습니다. 그래서 노동자에 불과했던 나의 양부모의 저축은 내 학비로 다 지출되었습니다. 6개월이 지난 뒤 나는 그럴 가치를 느끼지 못했습니다. 나는 내 인생에서 무엇을 하고 싶은지 몰랐고 대학이 그 길을 찾는 데 무엇을 해줄 수 있을지 알지 못했습니다. 그러면서 나는 대학에서 내 부모님이 평생 모은 돈을 낭비하고 있었습니다.

결국 나는 학교를 그만두었고 그래도 괜찮을 거라 믿었습니다. 당시엔 좀 무서웠죠. 그러나 되돌아보면, 대학을 그만둔 것은 내가 평생 했던 결정 가운데 가장 뛰어난 것이었습니다. 학교를 그만두자 나는 흥미 없는 필수과목을 듣지 않아도 되었습니다. 그리고 재미있어 보이는 과목들을 청강했습니다. 그런 생활이 낭만적이진 않았습니다. 나는 기숙사에 방이 없어서 친구들 방바닥에서 잤고, 5센트짜리 빈 콜라병을 모아서 음식을 사먹었습니다. 그리고 '헤어 크리샤 사원'에서 일요일 밤에 제공하는 좋은 식사를 얻어먹기 위해 11km나 걸어갔습니다. 그 음식은 정말 좋았습니다.

그리고 그때 호기심과 직관을 따라가다 만난 것들은 나중에 값을 매길 수 없을 만큼 귀중한 자산이 되었습니다. 한 가지 예를 들어보죠. 당시 리드 대학은 미국에서 가장 뛰어난 서예 교육을 하고 있었습니다. 캠퍼스 내의 모든 포스터와 서랍에 붙은 레이블은 전부 서예로 만들어진 아름다운 글자들이었습니다. 학교를 그만두고 정규 과목을 들을 필요가 없기 때문에 나는 서예 과목을 들었습니다. 나는 '세리프체'와 '산세리프체'에 대해 배웠고 서로 다른 활자체들 사이의 공간을 다양화하는 방법을 배웠습니다. 그리고 무엇이 훌륭한 글씨체를 만드는가에 대해 알게 되었습니다. 정말 아름답고 역사적이며 예술적인 매력이 있었고 그것은 과학이 발견하지 못하는 것이었습니다. 나는 완전히 매료됐습니다.

이것이 내 실제 삶에 어떻게 적용될 수 있을지 그 당시에는 알지 못했습니다. 그러나 10년 후, 우리가 첫 매킨토시 컴퓨터를 디자인할 때, 이 경험들이 다시 나에게로 왔습니다. 우리는 맥(Mac) 안에 이 모든 것을 디자인해 넣었습니다. 그것은 아름다운 글씨체를 가진 첫 컴퓨터가 됐습니다. 만약에 내가 그 대학의 전공을 그만두지 않았다면 매킨토시는 결코 그렇게 다양한 글씨체를 가지지 못했고 균형 잡힌 폰트를 얻지 못했을 겁니다. 윈도즈는 매킨토시를 베꼈기 때문에, 어쩌면 PC가 그런 글씨체를 가지지 못했을 수도 있습니다. 학교를 그만두지 않았다면 서예 과목을 청강하지도 않았고, PC도 그런 글씨체를 갖지 못했을 것입니다. 물론 내가 대학생일 때 앞을 내다보며 이런 점들을 이을 수는 없었습니다. 그러나 10년 후에 되돌아보면 아주 뚜렷하게 점들이 이어지는 것을 볼 수 있습니다.

물론, 미래를 내다보며 점들을 이을 수는 없습니다. 오로지 과거를 보며 점들을 이을 수 있을 뿐입니다. 그러므로 여러분들은 그 점들이 미래에 어떤 식으로든 이어질 것이라고 믿어야 합니다. 여러분들은 뭔가 확신을 가져야 합니다. 여러분의 배짱, 운명, 인생, 업(業), 뭐든지 말입니다. 이런 사고방식은 한 번도 나를 실망시키지 않았고, 내 인생을 변화시켜왔습니다.

둘째 이야기는 '사랑' 과 '상실' 에 대한 것입니다.

내게 있어 행운은 인생에서 좋아하는 일을 일찍 찾은 것입니다. 나는 스무 살 때 아버지의 차고에서 워즈(Woz)와 함께 애플을 시작했습니다. 우리는 열심히 일했고 10년 후 애플은 단 2명의 직원에서 20억 매출을 올리는 직원 4000명의 회사가 되었습니다. 그 한 해 전에 우리는 매킨토시라는 훌륭한 제품을 내놓았고 나는 막 서른 살이 되었습니다. 그런데 나는 바로 해고 되었습니다.

어떻게 내가 설립한 회사에서 내가 해고될 수 있습니까? 글쎄요, 애플이 커가면서 우리는 회사 경영에 재능이 있어 보이는 어떤 사람을 고용했고 그 첫해에는 모든 게 괜찮았습니다. 그러나 그 다음에 미래에 대한 비전이 달라지기 시작했고 결국 갈라섰습니다. 그때 우리 회사 이사회는 그 사람을 지지했습니다. 그래서 서른 살에 나는 쫓겨났습니다. 아주 공개적으로 쫓겨났죠. 성인이 된 뒤 내 인생 전체가 사라져버렸고, 그건 정말 황당한 일이었습니다.

그 뒤로 몇 달 동안 나는 뭘 해야 될지 몰랐습니다. 나는 내 이전의 기업인 세대들로부터 물려받은 바통을 또 넘겨준 것 같은 느낌이었습니다. 나는 데이빗 패커드와 밥 노이스를 만나 엉망진창으로 만든 모든 것을 사과했습니다. 나의 실패는 무척 공개적인 것이어서, 실리콘밸리에서 달아나고 싶을 정도였습니다. 그러나 뭔가 천천히 보이기 시작했고 내가 해왔던 것을 아직도 사랑하고 있다는 걸 알았습니다. 애플에서의 일은 그걸 조금도 바꾸지 못했습니다. 나는 쫓겨났지만 여전히 사랑하고 있었던 겁니다. 그래서 나는 다시 시작하기로 했습니다.

그땐 몰랐지만 애플에서 해고된 것은 지금껏 내게 일어난 일 중에서 가장 최고의 일이었습니다. 그로 인해 성공이라는 무거움은 다시 시작한다는 가벼움으로 대체되었습니다. 물론 모든 것에 대해 확신도 적었죠. 나는 내 인생 최고의 창조적인 시기를 만끽하게 되었습니다.

다음 5년간, 나는 '넥스트'라는 회사와 '픽사'라는 회사를 시작했습니다. 그리고 지금의 아내가 된 여인과 사랑에 빠졌죠. 픽사는 세계 최초의 컴퓨터 애니메이션 영화인 토이스토리를 만들었고, 이제 세계 최고의 애니메이션 스튜디오 자리에 올랐습니다. 이런 일들 속에서 애플은 넥스트를 인수했고, 나는 애플로 되돌아갔습니다. 그리고 넥스트에서 우리가 개발한 기술은 애플이 현재 누리고 있는 르네상스의 심장이 되었습니다. 그리고 로렌과 나는 정말 행복한 가족이 되었습니다.

나는 내가 애플에서 해고되지 않았더라면 이 모든 일들이 일어나지 않았을 거라고 확신합니다. 그건 정말 쓰디썼지만, 내게는 정말 필요한 약이었던 것입니다. 때로 인생은 당신의 기대를 저버리기도 합니다. 믿음을 잃지 마세요. 나는 나를 전진시킨 유일한 힘이 내가 하고 있는 일을 사랑했다는 점이라고 확신합니다. 여러분들도 사랑하는 것을 찾으세요. 연인을 찾을 때 진실하듯, 일도 마찬가지입니다.

일은 인생에서 커다란 부분을 차지합니다. 그리고 당신을 만족시킬 수 있는 유일한 방법은 당신이 위대하다고 생각하는 바로 그 일을 하는 것입니다. 그리고 위대한 일을 해내는 유일한 방법은 당신이 하는 일을 사랑하는 것입니다. 아직 그런 일을 찾지 못했다면, 계속 찾기 위해 노력하십시오. 안주하지 마세요. 그것을 찾았을 때, 당신의 심장이 그것을 알게 될 것입니다. 다른 관계도 그렇지만, 시간이 지날수록 더욱 좋아질 것입니다. 그러니 좋아하는 일을 발견할 때까지 계속 찾아다니십시오. 주저앉지 마십시오.

세 번째 이야기는 '죽음' 에 관한 것입니다.

17살 때, 나는 이런 인용문을 읽었습니다. "만약 당신이 하루하루를 마지막 날처럼 산다면, 언젠가 당신의 인생이 분명히 옳은 삶이 될 것이다." 매우 인상적인 경구였고, 그로부터 33년간 매일 아침 거울을 보며 내 자신에게 묻습니다. "만약 오늘이 내가 죽기 전날이라 해도 나는 오늘 내가 하려 했던 일을 할까?" 그리고 그 대답이 "아니" 였던 날이 너무 오래 계속되자, 나는 변화가 필요하다는 사실을 알게 되었습니다.

내가 곧 죽을 것임을 기억하는 일은, 내가 큰 결정을 내려야 했을 때 가장 중요한 판단 기준이었습니다. 외부의 기대들, 자부심, 공포와 참담함 또는 실패 등등, 이런 것들은 죽음 앞에서는 아무 것도 아니었기 때문에 정말 중요한 일만 남았습니다. 내 생각에 죽는다는 것을 기억하는 것은, 뭔가 잃을지 모른다는 생각의 덫을 피하기 위해 가장 좋은 방법입니다. 더 이상 잃을 것이 없다면, 마음이 시키는 대로 하지 않을 이유가 없습니다.

1년 전쯤 나는 암 진단을 받았습니다. 나는 오전 7시30분에 스캔을 받았는데 췌장에 뚜렷한 종양이 보였습니다. 그때까지 나는 췌장이 뭔지도 몰랐습니다. 의사들은 내게 불치의 암이 거의 확실하다며 3개월에서 6개월을 못 넘길 거라고 말했습니다. 내 주치의는 집에 가서 주변을 정리하라고 했습니다. 그건 죽을 준비를 하라는 뜻이었습니다. 다시 말해 아이들에게 앞으로 10년간 말해줘야 할 것을 몇 달 동안 다 말해야 한다는 것이고, 모든 걸 잘 정리해서 가족들이 사후처리를 쉽게 할 수 있도록 하라는 뜻입니다. 곧 완전한 작별이라는 뜻이었던 것입니다.

그날 나는 하루 종일 그 진단만 생각했습니다. 그리고 그날 저녁 나는 목으로 내시경을 넣어 위와 창자를 거쳐 췌장의 종양에서 조직을 떼어내는 검사를 받았습니다. 나는 침착했습니다. 그러나 의사의 설명을 들은 내 아내가 나에게 이렇게 말했습니다. "의사들이 난리가 났어! 수술하면 치료할 수 있는 췌장암이래!" 나는 수술을 받았고, 이제 괜찮습니다.

이것이 내가 죽음에 가장 가까이 갔던 경험입니다. 그리고 앞으로도 그것이 유일한 경험이길 바랍니다. 그런 일을 겪었기 때문에 죽음을 유용하지만 순전히 지식으로만 알고 있을 때보다는 더 확실하게 말해드릴 수 있습니다.

아무도 죽길 원치 않습니다. 죽어서 천국에 가고 싶어 하는 사람들조차 그곳에 가려고 죽고 싶어 하지는 않습니다. 그러나 죽음은 우리 모두가 맞이할 목적지입니다. 아무도 죽음으로부터 자유롭지는 못합니다. 그리고 죽음이야 말로 삶의 가장 훌륭한 발명품이기 때문에 그래야만 합니다. 죽음은 삶을 교체해주는 매개입니다. 새로운 것을 만들어내기 위해 낡은 것을 거두어들입니다. 지금 이 시각, 새로움은 여러분들입니다. 그러나 멀지 않은 미래 언젠가, 여러분들도 차차 늙을 것이고 사라져갈 것입니다. 연극 같은 이야기라서 미안하지만, 진실입니다.

시간은 제한되어있습니다. 그러니 남의 인생을 사느라 삶을 낭비하지 마십시오. 다른 사람들이 생각해낸 결과에 얽매어 사는 도그마에 갇혀있지 마십시오. 다른 사람의 의견이 여러분 내부의 목소리를 잠식하도록 놔두지 마십시오. 가장 중요한 것은, 자신의 가슴과 직관을 따르는 용기를 가지라는 것입니다. 가슴과 직관은 여러분이 진실로 무엇이 되고 싶은지를 이미 알고 있습니다. 나머지 모든 것은 부차적입니다.

제가 어렸을 적,『지구 카탈로그』라는 굉장한 책이 있었습니다. 제 세대에게는 성경과도 같은 책이었습니다. 그 책을 쓴 사람은 여기서 멀지 않은 멘로 팍에 사는 스튜어트 브랜드란 사람인데, 시적인 감성으로 그 책을 만들었습니다. 그게 1960년대 후반이니, PC도 있기 전이고 컴퓨터 출판도 없어 모두 타자기와 가위와 폴라로이드 카메라로 만든 책입니다. 어떻게 보면 책으로 만든 구글 같은 거라고 할 수 있는데, 구글이 나타나기 35년 전에 이미 나온 것입니다. 그 책은 무척 이상적이고 훌륭한 도구들과 굉장한 개념들로 가득 차 있었습니다.

스튜어트와 그의 팀은『지구 카탈로그』를 여러 판에 걸쳐 내놓았고, 모든 것이 완성됐을 때 최종판을 내놓았습니다. 그것이 1970년대 중반이고, 그때 제가 여러분들 나이였습니다. 그 책 최종판 표지의 뒤에는 무전 여행 때 히치하이킹을 하곤 하는 이른 아침 시골길과 비슷한 길의 사진이 있습니다. 그 밑에 이렇게 써 있답니다. “늘 배고프라. 늘 어리석어라(Stay Hungry. Stay Foolish).” 그것이 저자들의 마지막 메시지였던 것입니다. Stay Hungry. Stay Foolish. 그리고 나는 내 자신에게 늘 그렇게 소원했습니다. 이제 새로운 출발을 위해 졸업하는 여러분들께 이 말씀을 해드리겠습니다.

“Stay Hungry. Stay Foolish.” 감사합니다.

2 사고와 표현

(1) 창의적 사고

루트번스타인은 『생각의 탄생』에서 창조를 이끌어 내는 13가지 생각도구의 중요성에 대해 언급하고 있다. 과학자, 수학자, 예술가들은 창조적인 작업을 할 때 '생각도구'라고 부르는 공통된 연장을 사용한다. 또한 상상을 동원하는 모든 사람들은 이 생각도구를 가지고 얻어 낸 주관적인 통찰을 객관적으로 표현하기 위해 공식적인 언어로 변환하는 방법을 배운다. 이를 통해서 그들의 생각은 다른 사람들의 마음속에 새로운 생각을 불러일으키게 된다. 루드번스타인은 세계사에 업적을 남긴 사람들이 활용한 중요한 생각도구를 다음과 같이 유형화하였다.

| 관찰(Observing)

모든 지식은 관찰에서 시작된다. 관찰은 수동적으로 보는 행위와 다르다. 예리한 관찰자들은 모든 종류의 감각정보를 활용하며, 위대한 통찰은 모든 사물에 깃들어 있는 놀라운 아름다움을 감지하는 능력에서 나온다. 만일 우리가 무엇을 주시해야 하는지 어떻게 주시해야 하는지 알지 못한다면, 주의력을 집중시킬 수가 없다. 그러므로 관찰은 의도를 가지고 주목해서 보는 것을 의미한다.

| 형상화(Imaging)

형상화라는 것은 현상을 그대로 재현(再現)하는 것에서부터 특이한 추상능력, 감각적인 연상에 이르기까지 망라된다. 형상화는 시각과 청각은 물론 후각과 미각, 촉각까지 동원해서 이루어지기 때문에 우리는 내면의 눈, 내면의 귀, 내면의 코, 내면의 촉감과 몸 감각을 사용하여야 한다.

| 추상화(Abstracting)

핵심적 의미를 발견하려고 애쓴다. 현실이란 모든 추상의 종합이며, 이 가능성을 알아냄으로써 우리는 현실을 보다 잘 이해할 수 있다. 즉, 진정한 의미에서 추상화란 현실에서 출발하되, 불필요한 부분을 지워가면서 사물의 본질을 드러나게 하는 과정이라고 할 수 있다.

| 패턴인식(Recognizing Pattern)

패턴이란 동기, 사건, 요소, 속성, 현상 등이 반복되는 것을 뜻한다. 우리는 패턴에서 지각과 행위의 일반원칙을 이끌어 내어 이를 예상의 근거로 삼는다. 그런 다음 새로운 관찰결과와 경험을 예상의 틀 안에 끼워 넣는다. 이 관찰과 경험의 틀을 흔드는 무엇인가가 일어나게 될 때 우리는 또 다른 패턴을 발견하게 된다.

| 패턴형성(Forming Pattern)

우리는 경험한 세계를 표현하고, 정의하기 위해 더 많은 패턴을 고안해 내는데, 이로 인해 우리는 더 많은 지식을 소유할 수 있게 된다. 이에 따라 우리의 이해도 더욱 풍요로워진다. 패턴형성기술을 배우는 것은 모든 분야의 교과과정에서 혁신의 열쇠가 되는데, 그것은 특별한 도구나 다른 사람의 도움 없이도 운동 감각적 패턴과 청각적 패턴 리듬감만을 이용해서 훈련할 수 있다.

| 유추(Analogizing)

유추란 둘 혹은 그 이상의 복잡한 현상들 사이에서 기능적 유사성이나 일치하는 내적 관련을 알아내는 것을 말한다. 많은 철학자들은 유추가 비논리적이라서 판단을 그르치게 한다고 폄하하지만, 오히려 유추는 불완전하고 부정확하기 때문에 알려진 것과 알려지지 않은 것 사이의 다리가 될 수 있다. 유추는 기존지식의 세계에서 새로운 이해의 세계로 도약할 수 있도록 도와준다.

| 몸으로 생각하기(Body thinking)

우리는 몸을 움직여 어떤 일을 처리하고 난 후에야 그것을 인지할 때가 있다. 또한 지각하지 않은 상태에서의 몸의 느낌을 알게 될 때도 많다. 피아니스트들은 근육이 음표와 소나타를 기억한다고 말한다. 그들은 이 기억을 손가락에 저장한다. 그것은 마치 배우들이 몸의 근육 속에 자세와 몸짓의 기억을 저장하는 것과 같다. 우리가 사고하고 창조하기 위해 근육의 움직임과 긴장, 촉감 등을 떠올릴 때 비로소 '몸의 상상력'이 작용한다. 이때가 "사고하는 것은 느끼는 것이고, 느끼는 것은 사고하는 것"이라는 결론을 자각하는 순간이다.

| 감정이입(Empathizing)

감정이입은 다른 사람의 몸과 마음을 통해 세계를 지각하는 것이다. 철학자 칼 포퍼(Karl Raimund Popper, 1902-1994)는 새로운 이해를 얻을 수 있는 가장 유용한 방법을 '공감적인 직관' 혹은 '감정이입'이라고 보았는데, 이것은 "문제 속으로 들어가 그 문제의 일부가 되는 것"을 가리킨다. 이러한 감정이입적인 상상력을 촉진시키기 위해서는 연극경험이나 문학적 소양이 도움이 된다. 내가 '나 자신'이 아니라 '스스로 이해하고 싶은 대상'이 될 때 가장 완벽한 이해가 가능하다.

| 차원적 사고(Dimensional thinking)

내과 의사들은 환자들 몸의 조각에 불과한 엑스레이 사진이나 MRI를 판독할 때, 그것을 살아 움직이는 생명체로 환치해 놓고 해석해야 한다. 추상 미술가들도 마찬가지이다. 평면작업이 갖고 있는 문제를 명확히 보여준다. 입체파 미술은 3차원 물체가 가지고 있는 다면성과 입체성이 2차원 평면에 묘사될 때 나타내는 한계를 끈질기게 대비시킨다. 이 작품들은 2차원적인 세계의 크기나 색채, 형상이 3차원 세계와 다르게 상호작용하고 있음을 강조한다.

모형 만들기(Modeling)

모형은 보는 사람이 즉각 인식할 수 있도록 실제를 축약하고, 차원을 달리 표현해야 한다. 모형은 실제 혹은 가정적 실제상황을 염두에 두고 필요한 규칙과 자료, 절차를 이용하는 시뮬레이션이다. 우리가 정치학이나 역사, 인류학을 배울 때 전투과정이나 건축양식의 혁신, 전통의술의 효능, 경쟁적인 경제활동의 결과물, 종교의식 등의 목적을 물리적, 기능적, 이론적인 모형으로 만들어 배운다면 매우 효과적일 것이다.

놀이(Playing)

놀이에는 분명한 동기나 목적이 없다. 놀이는 성패를 따지지 않으며 결과를 설명해야할 필요도 없고 의무적으로 수행해야 할 과제도 아니다. 이것은 우리에게 상징화되기 이전의 내면적이고 본능적인 느낌과 정서, 직관, 쾌락을 선사하는데, 바로 그것들로부터 창조적인 통찰이 나온다. 놀이는 우리 자신만의 세계와 인격, 게임과 규칙을 만들게 하여 지식을 변형시키고 새로운 이해를 가능하게 한다.

변형(Transforming)

현실세계에서 창조적 작업을 하기 위해서는 문제를 규정할 때, 그 문제를 조사할 때, 그리고 해답을 이해하기 쉬운 형태로 표현할 때 적합한 생각도구들을 동원할 줄 알아야 한다. 우리는 여러 가지 생각도구를 연속적 혹은 동시에 사용하여 생각도구끼리 영향을 주고받거나 작용하게 하는 것을 가리켜 변형 혹은 변형적 사고라고 부른다.

| 통합(Synthesizing)

생각이라는 행위는 본질적으로 공감각(共感覺)적이다. 미적 감수성의 가장 고급한 형태인 공감각은 다양한 방식의 느낌을 높은 수준에서 통합하는 것이다. 상상하면서 분석하고, 화가인 동시에 과학자가 되는 것, 이것이 바로 최고의 상태에 이른 통합적인 사고의 모습이다.

연습문제 03

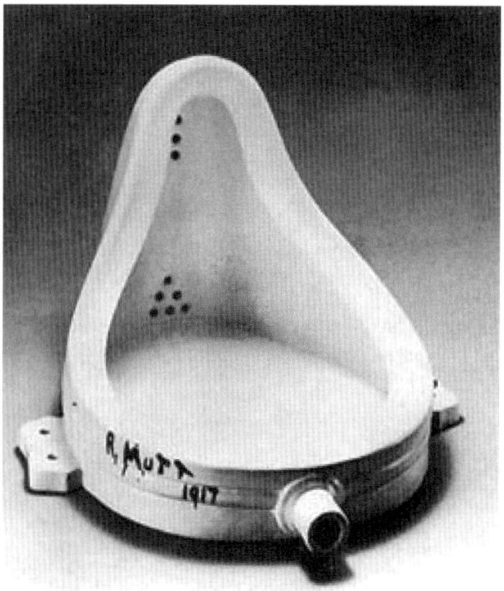

마르셀 뒤샹의 1917년 작품 〈샘〉

마르셀 뒤샹(Marcel Duchamp, 1887–1968)은 기성품들에 변형을 가하지 않고 그대로 사용하면서도 충격적인 '재관찰'을 유도한다. 그가 찾아낸 물건들은 관람객들에게 "당신이 보고 있는 것들에 대해 생각해 보라. 당신이 가장 생각을 하지 않는 것들에 대해 가장 많이 사용해 보라."라고 호소한다. 많은 사람들이 뒤샹의 물건들은 단지 오랫동안 발전되어 온 미술기법에 대한 조롱일 뿐이라고 폄하한다. 그러나 뒤샹은 이렇게 반박했다. "나는 그림이 다시 한 번 사람의 마음에 봉사하도록 했을 뿐이다." 만일 생각을 조금만 달리해 본다면 그의 말뜻을 이해할 수 있을 것이다.

마르셀 뒤샹의 1917년 작품 〈샘〉을 보고 이 작품의 제목이 어떻게 '샘'이 될 수 있는지 자신의 의견을 발표해 보자.

(2) 좋은 글이란

좋은 글이 무엇인가 한마디로 정의하기는 쉽지 않다. 그렇지만 역으로 나쁜 글에 대해 말해봄으로써, 좋은 글을 유추해 볼 수 있다.

누구나 쓸 수 있는, 인터넷의 창고에 넘쳐나는 그러그러한 글을, 우리들이 굳이 시간과 노력을 허비해가며 앵무새처럼 옮길 필요도, 아픈 눈을 비벼 가며 읽을 필요도 없다. 자신의 욕망이 명령하는 그런 글이 아니라면, 아무리 모범답안처럼 쓴들, 그런 글이 무슨 울림과 감동을 주겠는가? 나아가 남의 글을 슬쩍 도둑질하여 내 글인 양 써내는 짜깁기 지경에 이르러서야 무슨 말을 하겠는가. 논리적인 글일지라도 자신의 삶과 고민이 담겨 있지 않으면 허망한 글쓰기가 되며, 일상세계와는 완고하게 담을 쌓고 관념의 성에만 칩거한 내용이나 감상을 적당히 버무린 내용 등은 모두 읽기 민망한 글이다.

읽기 자료

가슴속은 텅 비어 든 것이 없는데 한갓 겉만 꾸며서 이를 취한다. 번드르르하게 바르는 것을 문사로 생각하고 아로새겨 꾸미는 것을 글이라고 여긴다. 스스로는 천하의 공교로움을 다하였다고 여겨도 아무 쓸데없는 빈말에 지나지 않는다. 이로 보건대, 식견이 높은 사람은 글도 높고 식견이 낮은 사람은 글도 낮다. 글이 좋고 나쁨은 문장에서 생겨나는 것이 아니라 식견에서 생겨난다. 식견이라는 것은 뿌리이고, 글이라는 것은 가지와 잎이다. 뿌리가 튼튼한데도 가지와 잎이 무성하지 않은 것은 없고, 또한 뿌리가 튼튼하지 않으면서 가지와 잎이 무성한 것도 없다. 그렇다면 식견 기르기에 힘쓰지 않고 문장 잘 쓰기만을 구하는 자는 망령되다 하겠다.

– 이하곤(1677–1724) 『산보고문집성』 서문 –

옛사람도 지적하였듯, 생각이 깊은 사람은 깊이 있는 글을 쓰고 생각이 단순한 사람은 단순한 글을 쓴다. 감상문의 경우 감상 속에 진심이 묻어나기 마련이고 논리적인 글의 경우 생각의 깊이가 묻어나기 마련이다.

읽기 자료

모든 글들이 다 글 쓰고 싶다는 내 욕망을 자극하는 것은 아니다. 어떤 글들은 아주 평판이 높아 그것을 읽고 싶다는 욕망을 자극하지만 마음을 조금도 움직이지 않게 하고, 어떤 글들은 첫줄부터 마음을 사로잡아 되풀이 그것을 읽게 만들고, 나아가 그것에 대해 무엇인가 말하게 한다. 문학비평가로서 가장 즐거운 때는 그런 글을 만날 때이다. 내 마음속의 무엇이 움직여 그 글로 내 마음을 무의식으로 이끌리게 하는 것일까? 그것을 생각하다보면 때로 내 마음을 움직인 글들은 자취도 없이 사라지고 내 마음이 움직인 흔적들만 남아,

마치 달팽이가 기어간 흔적처럼 반짝거린다. 그 흔적들을 계속 쫓아가면 기이하게도 다시 내 마음을 움직인 작품으로 가 닿고, 그 길은 다시 그것을 쓴 사람의 움직임으로 다가간다. 내 마음의 움직임과 내 마음을 움직이게 한 글을 쓴 사람의 움직임은 한 시인이 '수정의 메아리'라고 부른 수면의 파문처럼 겹쳐 떨린다.

–김현, 「꽃 핀 열매의 꿈–김지하에게」, 『분석과 해석』, 김현전집 7권–

한 비평가가 고백하였듯이 좋은 글은 읽는 사람의 마음을 움직인다. 그것을 우리는 감동이라고 쉽게 말하기도 한다. 즉, 좋은 글이란 읽은 사람에게 울림과 여운을 주는 글이어야 한다. 그 울림이 기쁨이건 즐거움이건 슬픔이건 다양할 수는 있지만 분명한 것은 읽는 이와 공감대를 형성하여야 된다.

그렇다면 이제 두 글을 참고하여 좋은 글에 대한 우리의 결론을 내려 보자. 좋은 글은 먼저 사고의 깊이가 느껴져야 되고, 다음으로 욕망의 정직한 표현이어야 한다. 우리는 수업이라는 극히 딱딱한 형식 속에서 글을 써야 한다. 우리들 가운데에는 이 기회에 자신의 글쓰기 능력을 향상시켜 보려는 적극적인 목표를 가진 사람도 있겠지만 글쓰기에는 관심도 없는 괴로운 사람도 있을 것이다. 글쓰기를 통해 나 자신과 대화할 수 있는 시간을 만들어 보도록 하자.

둘 째 마 당

글쓰기 과정

1 단어와 문장

(1) 한글 맞춤법

한국어는 표준어를 소리 나는 대로 적되, 어법에 맞도록 함을 원칙으로 한다. 그러다 보니 어법을 알지 못하고는 정확한 글쓰기에 서툴러질 수밖에 없다. 한글 맞춤법에 맞는 글쓰기는 글쓴이의 심사숙고 과정을 증명하며, 또한 글쓴이가 공인된 쓰기 방법을 알고 있는 교양인임을 드러낸다.

다음은 학생들이 자주 범하는 오류를 찾아 유형별로 모은 것이다.

| 소리 나는 대로 적는 오류

보통 구어체(口語體)를 그대로 글쓰기로 옮길 때 발생한다.

(가) 주식을 해서 돈을 뿔리고 싶다.

(나) 제 성격의 단점은 고집이 쎄다는 점입니다.

오류를 골라내기는 쉽지만 쓰다 보면 이런 오류는 학생들 사이에서 빈번하게 발생한다. (가)는 '불리고 싶다'로, (나)는 '세다'가 맞는 표현이다.

잘못된 쓰기 습관을 고수하는 오류

'세 살 버릇 여든 간다'는 말이 있듯, 자신에게 익숙한 단어를 앞뒤 가리지 않고 우선 쓰고 보는 데서 생기는 오류이다. 계속 그렇게 써 왔기 때문에 무엇이 틀렸는지도 인식하지 못하고 쓰는 경우가 많다.

(가) 평소 나는 나의 역활에 충실하고자 한다.

(나) 나는 쑥기가 없는 편이다.

(가)는 글쓰기 교실에서 항상 지적하는 오류이지만 여전히 발생하고 있다. '역할'이 맞는 표현이다. (나)는 구어체와 문어체에서 자주 사용되지만 국어사전을 찾아보지 않고 습관대로 쓸 경우 오류를 범하게 된다. 여기서 '쑥기'는 '숫기'로 고쳐야 한다. '숫기'란 활발하고 부끄러움이 없다는 뜻으로 '암수(雌雄)'의 '수'와 기운을 의미하는 '기(氣)'가 합하여 만들어진 표현이다.

(다) 그 남자는 말끼가 어둡다.

(라) 나는 무엇이던 생각대로 밀고 나간다.

미심쩍은 기분이 들면 역시 사전을 찾아보아야 한다. 영어사전 찾기는 잘하면서 왜 국어사전은 들춰 보지 않는가? (다)는 '말귀'로, (라)는 '무엇이든'으로 고쳐야 한다. '-던'은 과거에 행동한 사실을 표현할 때 쓰고, '-든'은 선택 사항을 표현할 때 쓴다.

무조건 줄여 쓰는 오류

많은 사람들이 시간에 쫓겨 바쁘게 살아간다. 그러다 보니 매일 쓰는 한국어도 무조건 줄이고 보자는 식의 사고방식이 만연하다. 물론 언중(言衆)의 사용에 따라 맞춤법이 수정되기도 한다. 이미 인터넷상에서는 '반가워'를 '방가'라고, '축하해'를 '추카'라고 줄여 쓰는 시대임을 부인할 수는 없다. 그러나 아무렇게나 만들어진 줄임말이 올바른 표현이 될 수는 없다.

(가) 나는 귀차니즘에 빠져 있지만 나름 괜찮은 사람이다.

(나) 나는 지는 걸 싫어하는 성격이다.

(가)에서 '나름'은 '나름대로'로 고쳐야 한다. 또한 귀차니즘이란 용어를 신조어(新造語)라고 할 수 있는지 생각해 봐야 한다. (나)와 같은 경우도 '걸'을 '것을'로 써야 된다. 이런 식의 축약은 학생들의 글에서 흔히 발견된다.

(다) 나는 새론 것을 보면 흥분한다.

(라) 그것은 믿기지 안는 일이다.

(다)는 '새로운'으로 고쳐 써야 한다. (라)는 '안'과 '않-'의 구별인데 쓰다 보면 혼동이 될 때가 있다. '안'은 부사 '아니'의 줄임말이고, '않-'은 서술어 '아니하'의 줄임말이다. (라)는 '않는'이 맞다.

연습문제 01

■ 다음에서 오류를 찾아 고쳐 보자.

1. 바닷가에서 소라껍질을 주서왔다.
2. 나의 성격은 소심하며, 낫가림이 심하다.
3. 나는 외국에서 몇 년 살다 왔고, 공부는 잘 않했다.
4. 현제 인천에서 살고 있다.
5. 몇일 동안 밖에 나가지 못했다.
6. 나는 부침성이 좋은 성격이다.
7. 그는 취업을 위해 완벽한 영어실력을 가추었다.

8. 예상했든 일이 실제로 벌어졌다.
9. 앞으로 통학버스로 학교에 다닐려고 한다.
10. 동생과 나는 성격이 너무 틀리다.
11. 컴퓨터를 구매하시면 저희 회사에서 교육시켜 드립니다.
12. 나는 내성적이기보다는 외면적인 사람이다.
13. 그렇게 꾸물데다가 학교에 늦겠구나.
14. 나는 필이 꽂히면 뭐든 열심히 하는 스타일이다.
15. 요컨데, 한국 경제는 총체적 난국을 맞았다고 할 수 있다.

16. 즐건 학창 시절이었다.
17. 나도 가끔 나 자신이 이해가 않된다.
18. 나는 우리 반 대표를 하지 안겠냐는 제안을 받았다.

연습문제 01 답

1. 바닷가에서 소라껍질을 **주서왔다.** (주워 왔다)
2. 나의 성격은 소심하며, **낫가림**이 심하다. (낯가림)
3. 나는 외국에서 몇 년 살다 왔고, 공부는 잘 **않했다.** (안 했다)
4. **현제** 인천에서 살고 있다. (현재)
5. **몇일** 동안 밖에 나가지 못했다. (며칠 동안)
6. 나는 **부침성**이 좋은 성격이다. (붙임성)
7. 그는 취업을 위해 완벽한 영어실력을 **가추었다.** (갖추었다)

8. **예상했든** 일이 실제로 벌어졌다. (예상했던)
9. 앞으로 통학버스로 학교에 **다닐려고** 한다. (다니려고)
10. 동생과 나는 성격이 너무 **틀리다.** (다르다)
11. 컴퓨터를 구매하시면 저희 회사에서 **교육시켜** 드립니다. (교육하여(교육해))
12. 나는 내성적이기보다는 **외면적**인 사람이다. (외향적인)
13. 그렇게 **꾸물데다가** 학교에 늦겠구나. (꾸물대다가)
14. 나는 **필이 꽂히면** 뭐든 열심히 하는 **스타일이다.** (나는 느낌을 받으면 뭐든 열심히 하는 편이다.)
15. **요컨데,** 한국 경제는 총체적 난국을 맞았다고 할 수 있다. (요컨대)

16. 즐**건** 학창 시절이었다. (즐거운)
17. 나도 가끔 나 자신이 이해가 **않된다.** (안 된다)
18. 나는 우리 반 대표를 하지 **안겠냐**는 제안을 받았다. (않겠느냐)

한글 맞춤법에서 살펴보기

■ 사이시옷

단어와 단어 사이에서 사잇소리 현상이 나타났을 때, 'ㅅ'을 삽입하는 것이 우리말의 원칙이다.

1_순 우리말로 된 합성어로서 앞말이 모음으로 끝난 경우

① 뒷말의 첫소리가 된소리로 나는 것

나뭇가지 귓밥 나룻배 맷돌 햇볕 혓바늘

② 뒷말의 첫소리 'ㄴ, ㅁ' 앞에서 'ㄴ' 소리가 덧나는 것

아랫니 뒷머리 빗물 시냇물 아랫마을

③ 뒷말의 첫 소리 모음 앞에서 'ㄴㄴ' 소리가 덧나는 것

뒷일 베갯잇 나뭇잎 깻잎

2_순 우리말과 한자어로 된 합성어로서 앞말이 모음으로 끝난 경우

① 뒷말의 첫소리가 된소리로 나는 것

귓병 아랫방 핏기 자릿세 전셋집 탯줄 햇수

② 뒷말의 첫소리 'ㄴ, ㅁ' 앞에서 'ㄴ' 소리가 덧나는 것

훗날 곗날 제삿날 툇마루 양칫물

③ 뒷말의 첫 소리 모음 앞에서 'ㄴㄴ' 소리가 덧나는 것

가욋일 예삿일 훗일

그리고 한자어와 한자어의 결합은 발음의 변화가 생기더라도 사이시

옷을 표기하지 않는 것이 원칙이다. 가령, '외과(外科)', '내과(內科)' 등이 그러한 예이다. 그러나 다음의 6개 단어는 예외적으로 사이시옷을 받쳐 적는다.

곳간(庫間) 셋방(貰房) 숫자(數字) 찻간(車間) 툇간(退間) 횟수(回數)

■ '-오'와 '-요'

'-오'는 문장을 종결하는 경우에 사용하고, '-요'는 말을 나열하는 경우에 사용하는 것이다. 다만, '-요'는 말을 나열할 때 쓰이는 연결어미 이외에 '해요체'의 '-요'가 있다. 존대의 의미를 가진 '-요'는 '-오'처럼 문장을 끝맺을 때 쓴다. (ㄱ을 취하고 ㄴ을 버림.)

ㄱ	ㄴ
미시오.	미시요.
당기시오.	당기시요.
새해 복 많이 받으십시오.	새해 복 많이 받으십시요.
안녕하시오.	안녕하시요.
안녕하세요.	안녕하세오.
여기서 내리시오.	여기서 내리시요.
여기서 내리세요.	여기서 내리세오.

■ 준말

준말은 둘 이상의 음절로 된 말이 줄어 간단하게 된 말이다.

그렇지 않은 → 그렇잖은

적지 않은 → 적잖은

만만하지 않다 → 만만찮다

변변하지 않다 → 변변찮다

어간이 '하-'로 끝나는 용언의 준말 표기는 다음과 같다.

1_어간의 끝음절 '하'의 'ㅏ'가 줄고 'ㅎ'이 다음 음절의 첫소리와 어울려 거센소리로 될 적에는 거센소리로 적는다.

간편하게 → 간편케

연구하도록 → 연구토록

흔하다 → 흔타

2_어간의 끝음절 '하'가 아주 줄 적에는 준 대로 적는다.

넉넉하지 않다 → 넉넉지 않다

생각하건대 → 생각건대

못하지 않다 → 못지않다

생각하다 못해 → 생각다 못해

섭섭하지 않다 → 섭섭지 않다

3_다음과 같은 부사는 소리대로 적는다.

결단코	결코	기필코	무심코	아무튼	요컨대
정녕코	필연코	하마터면	하여튼	한사코	

■ '맨'의 경우

'다른 것이 없는'의 뜻을 가지고 있는 '맨-'은 뒷말과 붙여 쓴다.

맨눈 맨다리 맨땅 맨발 맨주먹

뒤에 오는 체언을 수식하는 관형사인 맨은 체언과 띄어 쓴다.

산의 맨 꼭대기

맨 먼저

그녀는 맨 구석 자리에 조심스럽게 앉아 있었다.

■ '못'의 경우

'하다'가 서술어로 오면 '못'과 '하다'가 하나의 합성어로 굳어져 뜻이 변한 경우이므로 붙여 쓴다. 그렇지 않은 경우는 다른 서술어처럼 띄어 써야 한다.

난 술을 전혀 못해.

이 집 음식 맛이 예전보다 못하구나.

잡은 고기가 못해도 열 마리는 되겠지.

어제 병이 나서 일을 못 했다.

어제 병이 나서 잠을 못 잤다.

■ 접두사 '수-', '웃-'과 '윗-'

접두사 '수-'는 '숫양', '숫염소', '숫쥐' 등을 제외한 나머지는 '수-'로 통일하여 적는다.

수꿩　　수놈　　수캉아지　수탕나귀　수평아리

'아래, 위'의 대립이 없는 단어는 '웃-'을, 대립이 있는 단어는 '윗-'을 쓴다.

윗니	윗도리	윗머리	윗목
웃국	웃돈	웃어른	웃옷

■ 모음이 단순화한 형태나 모음의 발음이 변화한 것을 인정한 것

(ㄱ을 취하고 ㄴ을 버림.)

ㄱ	ㄴ
미루나무	미류나무
으레	으례
케케묵다	켸켸묵다
나무라다	나무래다
바라다	바래다
상추	상치
미숫가루	미싯가루
주책	주착

■ 준말을 표준어로 인정한 것

준말이 널리 쓰이고 본말이 잘 쓰이지 않는 경우에는 준말만을 표준어로 삼는다. (ㄱ을 취하고 ㄴ을 버림.)

ㄱ	ㄴ
귀찮다	귀치 않다
김	기음
똬리	또아리
무	무우
샘	새암
생쥐	새앙쥐
솔개	소리개

연습문제 02

■ 다음 표기 중 맞는 것을 고르세요.

1. 귀밥 / 귓밥
2. 수자 / 숫자
3. 초점 / 촛점
4. 세째 / 셋째
5. 전세방 / 전셋방
6. 미시오 / 미시요
7. 받으십시오 / 받으십시요
8. 내리세오 / 내리세요
9. 만만찮다 / 만만치 않다
10. 넉넉지 않다 / 넉넉치 않다
11. 미류나무 / 미루나무
12. 으례 / 으레
13. 나무라다 / 나무래다
14. 수놈 / 숫놈
15. 수양 / 숫양
16. 윗어른 / 웃어른
17. 윗니 / 웃니
18. 또아리 / 똬리
19. 온갖 / 온가지
20. 생쥐 / 새앙쥐

연습문제 02 답

1. 귀밥 / 귓밥
2. 수자 / 숫자
3. 초점 / 촛점
4. 세째 / 셋째
5. 전세방 / 전셋방
6. 미시오 / 미시요
7. 받으십시오 / 받으십시요
8. 내리세오 / 내리세요
9. 만만찮다 / 만만치 않다
10. 넉넉지 않다 / 넉넉치 않다
11. 미류나무 / 미루나무
12. 으례 / 으레
13. 나무라다 / 나무래다
14. 수놈 / 숫놈
15. 수양 / 숫양
16. 윗어른 / 웃어른
17. 윗니 / 웃니
18. 또아리 / 똬리
19. 온갖 / 온가지
20. 생쥐 / 새앙쥐

(2) 올바른 단어와 문장

튼튼하고 아름다운 집을 짓기 위하여 기초가 되는 설계도가 필요하듯, 좋은 글을 쓰기 위해서는 창조적인 생각과 완벽한 글의 짜임새뿐만이 아니라 정확한 단어를 구사할 수 있는 능력이 필요하고, 그 단어를 이용하여 문장과 단락을 구성하는 것이 필요하다. 아무리 독창적이고 풍부한 생각을 가지고 있다 하더라도 이를 정확히 표현해 내지 못한다면 그 글은 좋은 글이 될 수 없다.

| 단어

단어는 뜻을 가지고 자립할 수 있는 가장 작은 단위이다. 단어들이 모여서 문장을 이루고 단락을 만들며 한 편의 글을 이룬다. 다시 말해 단어는 한 편의 글을 이루기 위한 기본 단위인 셈이다. 그만큼 좋은 글을 쓰기 위해서는 단어를 많이 알고 올바르게 사용할 수 있는 능력을 갖추어야 한다.

우리가 외국어 실력을 키우기 위해 공부를 할 때, 가장 많은 시간이 요구되는 것은 단어를 외우는 부분이다. 그 사람이 갖고 있는 어휘의 양은 곧 그 언어에 대한 능력과 일치할 만큼, 단어란 한 언어를 이해하는 기본적 단위이다.

언어학자들은 "단어는 머릿속에 그물 모양으로 일정한 관계를 형성하며 저장되어 있다"고 주장한다. 예를 들어 '팔다'라는 단어는 상품을 사고팔았던 시장이라는 공간에서의 체험과 관련을 갖게 된다. 즉 '팔다'라는 단어는 시장, 물건, 상인, 구매자 등의 단어와 그물의 코처럼 연결되어 있다. 같은 '팔다'가 판매하다, 매각하다, 매도하다, 매여하다 등으로 상황에 맞게 변형되기도 한다. 또한 가치판단과 연결되기도 한다. '팔다'는 중립적 가치로 쓰이지만 '팔아먹다'는 부정적 가치로 이해된다.

연습문제 03

■ '사랑'과 연관된 단어들을 생각나는 대로 써보자.

연습문제 04

■ 다음 예문에서 한글 맞춤법이나 표준어 규정에 어긋난 단어를 찾아 바르게 고쳐 보자.

1. 나는 숫강아지를 키운다.

2. 아마도 그럴려고 미리 준비한 듯 봉투를 상금에 얹어 건네줬다.

3. 아니요, 제 이름은 정은이예요.

4. 이 요리는 잡지 가정난에 있는 요리법을 따라 해 본 거야.

5. 십월 한 달 동안, 대일은 신애와 완전무결한 밀월을 보냈다.

6. 그 서류는 누군가 귀신같이 쓱삭쓱삭 말소를 시켜 놓았던 것이다.

7. 혹이 발견되면 길다란 인후두 내시경을 목 안에 넣은 후 쉽게 떼어 낼 수 있다.

8. 고을 사람들은 그 원님이 이 고을을 오래오래 다스려 주기를 바랬습니다.

9. 이왕 바꿀 거라면 완전히 시장경쟁에 맡기는 정공법을 택하던지, 아니면 현 체제로 그냥 가던지 뭔가 확실한 노선을 정해야 한다.

10. 동생 뒤치다거리를 하느라 결혼도 못했다.

연습문제 04 답

■ 다음 예문에서 한글 맞춤법이나 표준어 규정에 어긋난 단어를 찾아 바르게 고쳐 보자.

1. 나는 숫강아지를 키운다.
   → 나는 수캉아지를 키운다.

2. 아마도 그럴려고 미리 준비한 듯 봉투를 상금에 얹어 건네줬다.
   → 아마도 그러려고 미리 준비한 듯 봉투를 상금에 얹어 건네줬다.

3. 아니요, 제 이름은 정은이예요.
   → 아니요, 제 이름은 정은이에요.

4. 이 요리는 잡지 가정난에 있는 요리법을 따라 해 본 거야.
   → 이 요리는 잡지 가정란에 있는 요리법을 따라 해 본 거야.

5. 십월 한 달 동안, 대일은 신애와 완전무결한 밀월을 보냈다.
   → 시월 한 달 동안, 대일은 신애와 완전무결한 밀월을 보냈다.

6. 그 서류는 누군가 귀신같이 쓱삭쓱삭 말소를 시켜 놓았던 것이다.
   → 그 서류는 누군가 귀신같이 쓱싹쓱싹 말소를 시켜 놓았던 것이다.

7. 혹이 발견되면 길다란 인후두 내시경을 목 안에 넣은 후 쉽게 떼어낼 수 있다.
   → 혹이 발견되면 기다란 후두 내시경을 목 안에 넣은 후 쉽게 떼어

낼 수 있다.

8. 고을 사람들은 그 원님이 이 고을을 오래오래 다스려 주기를 바랬습니다.
   → 고을 사람들은 그 원님이 이 고을을 오래오래 다스려 주기를 바랐습니다.

9. 이왕 바꿀 거라면 완전히 시장경쟁에 맡기는 정공법을 택하던지, 아니면 현 체제로 그냥 가던지 뭔가 확실한 노선을 정해야 한다.
   → 이왕 바꿀 거라면 완전히 시장경쟁에 맡기는 정공법을 택하든지, 아니면 현 체제로 그냥 가든지 뭔가 확실한 노선을 정해야 한다.

10. 동생 뒤치다거리를 하느라 결혼도 못했다.
   → 동생 뒤치다꺼리를 하느라고 결혼도 못했다.

문장

문장은 일정한 문법 규칙에 의해 만들어진다. 국어의 경우 '주어-목적어-서술어' 형태로 기본 어순이 된다든지, 수식어는 피수식어 앞에 놓인다든지 하는 규칙이 존재한다. 즉, 올바른 문장을 쓰기 위해서는 우선 국어 문장의 기본 구조를 잘 알고 있어야 한다. 이렇게 생성된 문장이 다른 문장과 연결되어 결국 한 편의 글을 이루게 된다. 좋은 글쓰기를 위해서는 정확한 단어를 사용하여 문장을 구성해야 하고 문장과 문장을 응집성 있도록 연결해야 한다.

다음은 많은 학생들이 하는 잘못된 문장을 유형화하여 기술한 것이다.

1) 필수 성분 누락
2) 잘못 쓰인 조사
3) 시제 불일치
4) 부정확한 호응
5) 잘못 쓰인 지시대상
6) 부정확한 연결어미
7) 불명확한 수식
8) 잘못된 문장 연결

문장의 기본 구조를 정확히 익혀서 문장 성분을 바로 쓰는 것이 무엇보다도 중요하다 왜냐하면 문장 성분은 문장의 의미를 나타내는 정보를 동시에 지니고 있기 때문이다. 문장의 구조는 문장 성분 사이의 관계로 정해진다. 문장이 전달하는 의미의 핵심은 주어와 서술어에 있다.

예를 들어 다음과 같은 학생의 문장을 보자.

철없던 어릴 때의 꿈은 무대에서 노래를 하고 싶었다.

이 문장의 경우 주어는 "꿈은"이고 서술어는 "하고 싶었다"로, 연결하여 읽어 보면 호응하지 않는다. 그러므로 이 문장은 문법적으로 잘못된 문장이며 다음과 같이 고쳐야 한다.

1) 철없던 어릴 때의 꿈은 무대에서 노래를 하는 가수였다.

2) 나는 철없던 어릴 때에 무대에서 노래를 하고 싶었다.

즉 1)처럼 주어 "꿈은"을 기준으로 서술어를 고치거나, 2)처럼 서술어 "하고 싶었다"를 기준으로 주어를 고치는 방법이 있다.

좋은 문장이란?
1. 의미가 분명한 문장
2. 주어와 서술어가 호응하는 문장

2 단락 쓰기

(1) 단락

단락은 하나의 의미를 만들어내는 여러 문장으로 이루어졌으며, 한 편의 글을 구성하는 논리적 표현의 중심단위이다. 즉 글쓰기는 '문장→단락→하나의 완성된 글'로 구성된다.

| 단락이란?

- 단락(paragraph)이란 한 편의 글을 구성하는 논리적 표현의 중심 단위이다.
- 단락은 주제문과 뒷받침 문장으로 구성되어 있다.
- 하나의 단락은 하나의 소주제를 가지고 있어야 한다.
- 단락은 들여쓰기 함을 원칙으로 한다.

------------------------------.

연습문제 05

■ 다음은 3단락으로 이루어진 글이다. 각 단락의 의미를 파악하여 보자.

오늘날, 전자문화 또는 디지털문화의 세계 제패는 이미 기정사실화 된 것 같다. 우리 사회가 겪고 있는 모든 문화적 혼란과 충격은 전자문화 시대로의 변환 과정에서 생기는 것이라고 할 수 있다. 근대가 만들었던, 근대적 의미의 독서와 문학은 전자문화시대를 맞아 급격히 쇠퇴하고 있다. 문학과 독서라는 대표적인 문자문화는 오늘날의 전자문화와 공존하기 어려운 것으로 보인다. 전자문화에 익숙한 사람들이 소위 고전을 읽는다는 것은 거의 불가능하다. 그리고 고전 속에 담긴 내용의 의미나 의의도 전자 시대에는 상당 부분 달라질 것이다.

만약 문학과 독서가 전자문화와 공존할 수 없는 것이라면, 오늘날 우리는 독서를 무조건 권장할 수는 없다. 적어도 근대적 개념의 독서를 더 이상 강조하기는 어려울 것 같다. 전자 시대에는 책의 개념도 문학의 개념도 독서의 개념도 달라질 수밖에 없을 것 같다. 그리고 이와 아울러

책이나 문학이나 독서에 대한 우리의 근대적 존경심도 거두어들여야 하지 않을까. 그렇지 않고 일상적 삶과 현실은 전자 시대에 머물면서 관념만 문자 시대에 의존한다면, 자기모순에 빠지는 결과가 된다.

전자 문화 시대에서 문자 문화의 가치와 이상을 어떻게 보존하고 되살릴 수 있을 것인가는 아주 사려 깊게 생각해보아야 할 문제인 것 같다. 오늘날 우리가 처한 문화적 상황 전반에 대한 이해 속에서 독서의 위기 문제도 생각해야 할 것이다. 다시 말해 내면성이나 이성의 퇴조, 선적 사유의 퇴조, 문학의 죽음, 인문학의 위기 등등과 독서의 위기는 결국 같은 뿌리에서 나온 문제인 것이다. 독서나 문학 속에 풍성했던 문자문화의 가치와 이상을 문자시대의 방식으로 전자시대에 강조하는 것은 무의미해 보인다. 이것은 너무 비관적이고 극단적인 결론일지도 모른다. 좀 더 온건한 결론으로, 될 수 있는 한 텔레비전이나 컴퓨터를 비롯한 전자매체를 멀리하고 심심해지는 것이 '문학의 생활화 방안' 이라고 말하고 싶다. 그러나 그런 방안은 이미 현실성이 없는 방안이다. 완전히 다른 패러다임 속에서 독서와 문학에 대해서 생각해보아야 하고, 이를 위해 시대의 변화를 좀 더 깊이 들여다보아야 할 것 같다.

－이남호, 「소외의 독서와 독서의 소외」, 『문자제국 쇠망약사』,
생각의 나무, 2004, 158~159쪽－

(2) 주제문과 뒷받침 문장

단락이란 주제문과 뒷받침 문장의 연결로 이루어지는데, 주제문을 찾는 데에는 문제해결 탐색을 위한 창의성이 요구되며, 뒷받침 문장을 써 나가는 데에는 논리력이 요구된다.

| 주제 문장 쓰기

- '주제 문장'이란 단락에서 주제가 드러나는 문장을 말한다.
- 주제 문장을 찾아간다는 것은 결국 문제를 발견하고 해결해 가는 과정이다.
- 주제 문장은 주로 해결을 요구하는 문제에 대한 해결 방안의 제시나 가치평가를 요구하는 문제에 대한 자신의 입장을 밝히는 것이 주를 이룬다.

연습문제 06

■ 다음의 테마에서 주제를 좁혀 자신이 논의하고 싶은 주제 문장을 써보자.

1) 우정

---

2) 대학생의 축제 문화

---

3) 교양교육의 필요성

4) 직업 선택과 자신의 미래

뒷받침 문장 연결하기

- 뒷받침 문장은 주제 문장과 긴밀하게 연결되어 있는 문장들로서 사실, 근거, 예시 혹은 그와 관련된 이야기들을 가리킨다.
- 논리적 표현에 있어서 뒷받침 문장은 주제 문장을 효과적으로 전달하는 중요한 역할을 한다.

연습문제 07

■ 아래의 주제문에 적절한 뒷받침 문장들을 덧붙여 하나의 단락을 완성하여보자. (단, 사실, 근거, 예증 등을 이용하여 해 보자.)

1) 내가 직업을 선택하는데 가장 중요한 것은 (적성 / 연봉 / 안정성)이다. 왜냐하면

2) 인간은 기본적으로 (선善 / 악惡)하다.

3) 인터넷은 공동체 문화를 더욱 (강하게/약하게) 만들어 준다.

4) 결혼을 선택할 때 가장 중요한 것은 (사랑/가치관 / 상황)이다.

5) 나는 성형수술에 대해 (긍정하는/부정하는) 편이다.

3 구상하기

(1) 쓸거리 찾기

[점검 1] 나의 독서 경험을 검토해 보자.

최근 몇 년간 읽은 책을 중심으로 자신의 독서 경향을 분석해 본다.

[점검 2] 연극을 보거나 미술전시회에 가거나 음악회에 간 경험이 있는가?

[점검 3] 대학 시절 동안 여행하고 싶은 곳을 생각한 후 발표해 보자.

[점검 4] 좋은 글을 쓰기 위해서는 자신의 약점을 알아야 한다. 그리고 그 약점을 보완해야 된다. 다음의 문항을 보면서 자신의 문제를 진단해 보자.

다음 항목에서 자신에게 해당하는 것에 ●표를 해 보자.

1) 글을 시작하기가 어렵다. (　)
2) 글을 쓰기 전에 사전 준비를 하지 않고 바로 시작한다. (　)
3) 무엇에 대해 글을 써야 할지 막막하다. (　)
4) 몇 줄 쓰고 나면 할 말이 없어진다. (　)
5) 생각이 문장으로 표현되지 않는다. (　)
6) 서론을 쓰는 것이 어렵다. (　)
7) 구성을 짜는 것이 어렵다. (　)
8) 글을 쓰는 데 많은 시간이 필요하다. (　)
9) 글을 쓰고 난 뒤에 오자와 탈자가 많다. (　)

만약 5개 이상 ●표를 했다면 글쓰기에 어려움이 있는 경우이다. 글쓰기에 어려움이 있다면 자신의 문제가 무엇인지 찾아야 한다.

1) 글쓰기에 대한 두려움을 극복하는 것이 필요하다. ( )
2) 문장 연습이 필요하다. ( )
3) 독서를 통해 지식을 쌓을 필요가 있다. ( )
4) 글의 다양한 요소에 대한 학습이 필요하다. ( )
5) 창의력과 상상력을 키워야 한다. ( )
6) 퇴고 과정을 꼼꼼하게 할 필요가 있다. ( )

연습문제 08

루츠 폰 베르더, 바바라 슐테 슈타이니케의 『교양인이 되기 위한 즐거운 글쓰기』에서 저자는 창조적인 글쓰기로 들어가는 문으로 다섯 가지 정도를 제시하고 있다. 아래에서 살펴본 다섯 가지 분야 가운데 자신이 가장 관심 있는 분야를 선택해 보자. 그리고 요번 학기에 써보고 싶은 관심사를 찾아보자.

1. 인생에 대한 질문

- 당신의 인생에서 가장 중요한 사람은 누구인가?
- 수수께끼와 같은 만남이 있었는가?
- 생각지도 않는 이별의 경험이 있는가?
- 당신의 삶에서 가장 중요하게 여기는 가치는?

2. 세계관에 대한 질문

- 스스로 원칙을 세우고 그 원칙에 따라 생활하는가?
- 어떤 인생길이 자신에게 맞는 길이라고 생각하는가?
- 무엇을 믿는가? 그리고 어떤 것을 믿지 않는가?
- 당신에게 행복이란 무엇인가?

3. 우정과 사랑에 대한 질문

- 좋은 친구가 필요한가?
- 다른 사람이 비밀을 털어놓는다면 그 비밀을 어떻게 할 것인가?
- 사랑과 결혼은 반대 개념인가? 아니면 함께하는 개념인가?
- 어떤 사람이 당신에게 상처를 준다면 어떻게 대처하겠는가?

4. 직업에 대한 질문

- 당신이 할 수 있는 일 중에서 가장 잘할 수 있는 일은?
- 가족과 일, 이 두 가지를 어떻게 조화시킬 것인가?
- 혼자 일할 때와 팀을 구성하여 일할 때 중 언제가 더 편안하게 느껴지는가?
- 성공과 여유, 당신은 무엇이 더 가치 있다고 생각하는가?

5. 미래와 이상에 대한 질문

- 지금 당신이 원하는 세 가지는?
- 마음 속에 품고 있는 희망은?
- 어린 시절 어떤 소원이 이루어졌던 기억이 있는가?
- 앞으로 1년밖에 살 수 없다면 무엇을 하고 싶은가?

(2) 준비와 절차

화가는 자신의 그림을 그리기 이전에 다른 사람의 그림을 다양하게 감상하며, 소설가들은 자신의 소설을 쓰기 전에 다른 소설가의 작품을 많이 읽어 본다. 이처럼 글쓰기는 자신과 타인의 경험을 축적하는 과정이다. 학생들에게 좋은 글이 무엇인가 생각할 수 있는 안목을 길러 주는 것이야말로 대학 글쓰기의 거시적인 목표이다. 글쓰기는 문제해결 과정(Problem-solving process)이며, 의미생성 과정이다.

글쓰기를 준비하면서 학생들은 스스로 자신의 장기기억을 체크하여야 한다. '장기기억'이란 학생의 직접경험과 간접 경험이 축적되어 형성된 것이다. 직접 경험이란 여행 체험, 노동 체험 등 살아오면서 겪은 모든 체험이 포함된다. 간접 경험이란 독서 등을 통해 간접적으로 습득한 체험이다. 물론 동일한 직접 경험을 했다고 하여 동일한 장기기억을 가지고 있는 것은 아니다. 똑같은 것을 경험해도 그것을 받아들이는 학생들의 각인 정도에 따라 다양한 반응이 나타난다. 어떤 동일한 경험을 쉽게 잊는 학생도 있지만 평생 잊지 못하는 학생도 있다. 학생들의 글쓰기 능력이 상이한 것은 각자의 장기기억이 다르기 때문이다.

글을 쓴다는 것은 무에서 유를 창조하는 작업이다. 한 편의 글이 완성되기까지는 많은 과정이 요구된다. 한 편의 글을 완성하기 위해서는 쓸거리를 찾고 일정한 준비와 절차를 거쳐야 한다.

읽기 자료

나는 드디어 수영을 배우기 시작했다. 수영은 오래전부터 배우고자 결심은 했으나 실천으로 옮기지 못한 일이었다. 수영을 배운다는 것은 다른 사람들에게는 간단한 일이겠지만 나에게는 결단이 필요한 어려운 일이었다. 왜냐하면 나는 물에 대한 공포를 갖고 있기 때문이다. 어린 시절 바다에 빠져 구조가 된 이후에 나는 가능하면 물과는 가까이하지 않으며 살아왔다.

물론 그런 내게도 수영에 관한 이런저런 추억은 있다. 어린 시절 항상 여름이 되면 가족과 함께 경포대나 대천 해수욕장에서 놀이 기구를 타고 놀던 기억이 난다. 수영장에서 미끄럼 기구를 너무 많이 타다가 수영복을 망가뜨려 엄마에게 혼이 나기도 했다. 그리고 수영을 가르쳐 주겠다고 수영장에 동전을 떨어뜨리고 줍는 사람이 갖는 거라고 소리치던 외삼촌과 내 손을 잡고 물속을 걸어 다니다가 슬쩍 내 손을 놓고는 떴다고 흐뭇해하던 오빠에 대한 기억도 있다.

사실 수영을 배우기 위해서는 구체적인 목표를 세우고 이를 위해 일정한 기간 꾸준히 연습하여야 한다. 한 바퀴 두 바퀴 연습량이 늘어날수록 시간도 빨라지고 자세도 좋아진다. 물론 수영을 배우는 데에도 몇 가지 절차와 단계가 필요하다.

첫 번째는 준비단계이다. 물을 두려워하는 사람에게 물의 공포를 없애주고 물장구치는 즐거움을 체험하게 하는 과정이다. 또한 누구라도 얼굴을 물속에 넣고 온몸의 힘을 빼기만 하면 물에 뜬다는 것을 알려주는 과정이다.

두 번째는 다양한 수영 영법(泳法)을 배우는 단계이다. 두 팔을 힘차게 저으며 앞으로 나가는 자유형(crawl), 잠을 자기 위해 침대에 눕듯 편안하게 물 위에 누워 앞으로 나가는 배영(backstroke), 마치 아름다운 나비가 날갯짓하듯 수영을 한다 하여 이름 붙여진 접영(butterfly stroke), 개구리몸짓을 닮았다 하여 이름 붙여진 평영(breaststroke) 등의 다양한 수영의 방법을 배우는 과정이다.

마지막으로 상황에 맞게 수영을 구사하는 단계이다. 배운 방법을 다양하게 실험해 보는 과정으로 자신에게 가장 좋은 방법을 스스로 찾아내고 자기화하는 과정이다. 수영을 하는 곳이 계곡이냐 강이냐 바다이냐 아니면 실내수영장이냐에 따라 우리가 활용할 수영 방법도 달라질 것이다. 수영장에서는 수영을 잘하던 사람이 바다에서는 실력 발휘를 하지 못하는 것은 바로 이런 상황에 맞는 수영 방법을 터득하지 못했기 때문이다.

서재원, 「수영배우기」, 2009

이 글의 중심 내용은 대체로 다음과 같이 요약할 수 있다.

• 수영을 배우려면 목표를 세우고 꾸준히 훈련을 하여야 한다.
• 수영배우기에도 나름의 절차와 순서가 필요하다.
• 상황에 맞는 수영 방법을 터득해야 한다.

위의 글은 수영배우기에 관한 것이다. 필자는 수영을 배우기 위한 과정을 준비단계와 습득 단계와 응용 단계로 나누어 설명하고 있다. 이 글은 물론 수영에 관한 것이지만 글쓰기를 배우는 과정에도 비유해 볼 수 있다. 수영을 배우려면 수영 방법을 익히고 꾸준한 연습이 필요하듯, 글쓰기에도 글쓰기 방법을 익히고 꾸준히 연습하는 과정이 필요하다.

글쓰기는 크게 준비단계인 '계획'과 적용단계인 '작성'과 다듬기 단계인 '수정'의 3단계를 거친다. 계획하기에서는 글쓰기의 목표를 우선 정해야 한다. 왜 쓰는지, 무엇을 위해 쓰는지, 누가 읽을 것인지 분명히 의식해야만 목표를 세울 수 있다. 수영을 잘하기 위해서 기본 체력이 요구되듯, 글쓰기에도 어법에 맞는 문장을 쓰는 기본 능력이 요구된다. 이 능력이 없으면 무엇을 말하는지를 다른 사람은 알지 못한다. 글을 쓰는 방법은 다른 모든 기술이 그러하듯 이론을 알아서가 아니라 오랜 연습을 통해 체득하여야 한다.

예를 들어 '소와 노인의 우정을 다룬 영화'를 한 편 보고 감명을 받아 짧은 글을 써보고 싶다는 생각이 들었다고 하자. 우선 여러 가지 준비를 해야 한다. 다음으로 자신의 느낌을 좀 더 깊이 있게 생각해야 한다. 동물과 인간의 교감이 좋았는지, 순수한 우정에 끌렸는지, 농촌의 풍경이 향수를 자극했는지 등에 대해 떠오르는 생각들을 메모해야 한다. 다음으로 어떤 글을 쓸지 결정해야 한다. 감상을 나열할 것인지, 혹은 어떤 주장을 펼칠 것인지 생각하여야 한다. 그리고 순서를 정하고 대강의 뼈대를 세워야 한다. 뼈대가 완성되면 실제로 글쓰기에 들어간다. 끝으로 글이 완성되고 나면 시간을 두고 다시 읽어 보기도 하고 다른 사람에게 보여주기도 하면서 자신의 원래 의도가 잘 드러났는지 점검하면서 고쳐야 한다. 수정 작업은 작게는 맞춤법이나 올바른 문장쓰기 수준에서 이루어지지만 크게는 글 자체에 관해서도 이루어진다. 이 과정에서 글은 완성되기도 하고 폐기되기도 한다.

물론 한 편의 글이 완성되는 과정을 순차적으로 기술하고 있지만 사실 실제 글을 쓰는 과정에서는 이 세 부분이 연쇄적으로 맞물리게 된다. 계획하고 작성하고 수정하는 과정에서 테마를 바꾸기도 줄이기도 혹은 버리기도 한다.

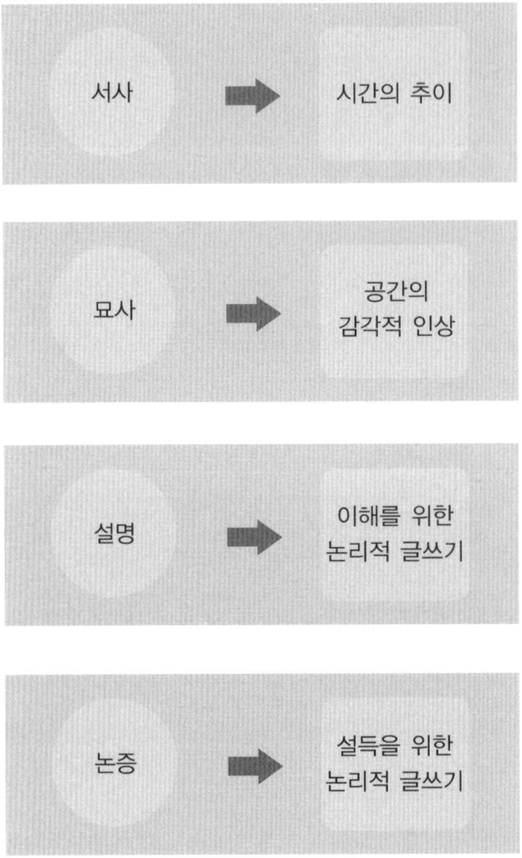

글쓰기의 유형은 크게 서사, 묘사, 설명, 논증 등 네 가지로 나누어진다. '서사(敍事, narration)'는 시간의 변화에 따른 대상의 변화를 표현하는 방법이며, '묘사(描寫)'는 감각적인 인상을 글로 표현하는 방법이다. '설명(說明)'은 이해를 목적으로 하는 논리적 글쓰기이며 '논증(論證)'은 설득을 목적으로 하는 논리적 글쓰기이다. 서사와 묘사가 독자의 상상력에 호소하는 문학적 글쓰기에 가깝다면, 설명과 논증은 독자의 이해력에 호소하는 학술적 글쓰기라고 할 수 있다.

4 일상적 글쓰기

(1) 서사

서사는 우리가 일기나 기행문을 통해 가장 먼저 습득한 글쓰기 형식이다. '서사(敍事, narration)'란 시간의 변화에 따른 대상의 변화를 표현하는 방법이다. 상황의 추이를 잘 아는 사람이 그렇지 못한 사람에게 그 전말이나 과정을 글로 표현하는 것을 서사라고 한다. 예를 들어 전혀 모르던 남녀가 우연한 만남을 계기로 결혼에 이르는 과정, 강성하던 나라가 멸망해 가는 과정, 순수했던 사람이 타락하게 되는 과정 등은 서사의 글쓰기에 적합하다.

서사는 시간적으로 변화하는 대상인 '사건'을 표현하는 것이므로 첫 상황과 끝 상황 사이를 적절한 방법으로 표현해야 한다. 즉 서사는 시간적 질서를 바탕으로 하되 다루는 사건들이 주제와 긴밀한 관련성을 가져야 된다.

왕족의 복수와 음모, 사랑과 죽음이 담겨 있는 셰익스피어의 『햄릿』을 통해 시간의 추이에 따른 인물 심리의 변화를 살펴보도록 하자.

햄릿 개요

1막 1장 엘시노아. 성 위의 망대 (유령의 등장)

2장 성 안 (왕, 왕비, 햄릿의 등장)

3장 폴로니어스의 저택 (레어티즈와 그의 누이 오필리아 등장)

4장 성 위의 망대

5장 성 위의 흉벽제 (유령과 햄릿의 만남)

2막 1장 폴로니어스의 저택 (햄릿이 미친 이유를 상사병으로 단정)

2장 성 안

3막 1장 궁정 안

2장 궁정 안 (햄릿과 배우들 등장 – 쥐덫이라는 연극을 함)

3장 궁정 안 (왕의 참회기도)

4장 왕비의 침실 (폴로니어스를 찌르는 햄릿)

4막 1장 왕비의 침실

2장 궁정 안

3장 궁정 안 (햄릿을 영국으로 보내는 왕. 죽이라는 편지와 함께)

4장 성에 가까운 덴마크 해안

5장 궁정 안 (미친 오필리아와 분노하는 레어티즈)

6장 궁정 안

7장 궁정 안 (레어티즈의 복수심을 자극하는 왕)

5막 1장 묘지

2장 궁정 안 (결투와 파국)

햄릿 5막 2장 마지막 부분 중에서

등장인물: 햄릿, 왕, 왕비, 레어티즈, 오즈릭 호레이쇼, 포틴브라스

포도주잔을 든 하인들 등장

왕: 포도주 잔을 저 탁자 위에 올려놔라.
햄릿이 첫 번째나 두 번째로 득점하면,
혹은 삼회전에 동점되면,
흉벽 위의 모든 대포를 발사하라.
국왕이 햄릿의 활력 증진을 위하여
건배할 것이며,
잔 속에는 덴마크 왕들이 4대에 걸쳐
왕관에 매달았던 것보다도 더 값비싼
합진주를 빠뜨리겠다. – 잔을 달라 –
그리고 고수는 나팔수에게, 나팔수는
밖에 있는 포수에게, 또 대포는 온 하늘에,
하늘은 땅에게 고하라, 〈지금 왕이 햄릿에게 건배하고 있노라〉고.
자, 시작하라.
그리고 심판관들은 한눈팔지 말도록.

햄릿: 자 덤비라고!

레어티즈: 갑니다, 왕자님.

(둘이 경기한다)

햄릿: 한 점.

레어티즈: 아닙니다.

햄릿: 판정은?

오즈릭: 일 점, 아주 분명한 일 점입니다.

레어티즈: 그럼, 다시.

왕: 멈춰라, 술을 다오. 햄릿, 이 진주는 네 것이다. 잘 싸워라.

(북소리, 나팔소리, 대포 발사)

그에게 잔을 줘라.

햄릿: 먼저 이 회전을 치르고요. 잠시 둬라.

덤벼라.

(그들은 다시 경기한다)

또 한 점. 안 그래?

레어티즈: 솔직히 인정합니다.

왕: 왕자가 이기겠다.

왕비: 왕자가 땀나고 숨찼어요.

햄릿, 내 손수건을 받아 이마를 닦아라.

왕비가 네 행운을 빌며 마시겠다, 햄릿.

햄릿: 고맙습니다.

왕: 거투르트, 마시지 마오.

왕비: 마시렵니다, 전하. 죄송합니다.

(술을 마시고 잔을 햄릿에게 내민다)

왕: (방백) 저건 독배인데… 너무 늦었다.

햄릿: 아직 안 마시렵니다. 마마, 잠시 후에.

왕비: 자. 네 얼굴을 닦아주마.

레어티즈: 전하 이제 그를 찌르겠습니다.

왕: 안 될걸.

레어티즈: (방백) 그래도 이건 꽤나 양심에 걸리는데.

햄릿: 삼회전이야, 레어티즈. 놀리기만 하는군.

부탁이야. 최대한 격렬하게 찔러봐.

버릇없는 애처럼 나를 볼까 염려돼.

레어티즈: 그래요? 덤비시오.

(둘이 경기한다)

오즈릭: 양쪽 모두 영점이오.

레어티즈: 이제 맛 좀 봐라.

(레어티즈가 햄릿에게 상처를 입히고, 난투 중 그들은 칼을 바꿔 쥔다)

왕: 저들을 떼어 놔라.

그들은 격분했다.

햄릿: 아니, 다시 덤벼.

(햄릿이 레어티즈에게 상처를 입힌다. 왕비가 쓰러진다)

오즈릭: 저기, 왕비를 보살펴 드려라. 중지!

호레이쇼: 양쪽 다 피 흘리오. 어떻습니까, 왕자님?

오즈릭: 어떻소, 레어티즈?

레어티즈: 허, 도요새처럼 내 덫에 걸렸소, 오즈릭.

내가 배신하였기에 당연히 죽는 거요.

햄릿: 왕비는 어떠시오?

왕: 피를 보고 졸도했다.

왕비: 아니다, 아냐. 저 술, 저 술!

오 내 아들 햄릿! 저 술이다. 저 술!

난 독살됐다.

(죽는다)

햄릿: 아 극악하다! 여봐라, 문을 걸어라. 배신이다. 찾아내라!

(오즈릭 퇴장)

레어티즈: 여깁니다. 햄릿. 왕자님은 살해됐소.

이 세상 어떤 약도 소용이 없습니다.

그 몸 안엔 반 시간의 생명도 안 남았소.
배신의 흉기는 왕자님의 손 안에 있습니다.
끝 곧고 독 묻은 채.
흉기가 제 자신에게 되돌아온 거지요.
보십시오. 전 쓰러져 다시는 못 일어나오.
왕비님께서는 독살됐소.
이젠 기운이 없소. 왕-왕의 책임이오.

햄릿: 칼 끝에 독이라고! 그럼, 독이여 퍼져라.

(왕에게 상처를 입힌다)

모두: 반역이다! 반역이다!

왕: 오, 보호해 주시오. 여러분. 다쳤을 뿐이오.

햄릿: 옜다, 이 근친상간, 살인하고 저주 받은 덴마크 왕,
독배를 비워라. 네 합진주가 여깄느냐?
어머닐 따르거라.

(왕이 죽는다)

레어티즈: 그는 죽어 마땅하오.
스스로 준비한 독약이었소
용서를 나눕시다, 햄릿 왕자님
저와 부친 죽음 그대 탓 아니고,
그대 죽음 또한 제 탓이 아니기를.

(죽는다)

햄릿: 하늘이 용서하리. 나 그대를 따르리라
호레이쇼, 난 죽었어. 딱한 마마, 안녕히.
이 재난에 창백히 떨고 있는, 이 장면을
벙어리처럼 관람할 뿐인 여러분께,

제가 시간만 있다면 – 냉혹한 저승사자가 어김없이 잡아가니 –

오, 말씀드릴 수 있지만 – 관두지요.

호레이쇼, 난 죽었어.

자넨 살아남아, 궁금한 이들에게

나와 내 명분을 올바로 전해주게.

호레이쇼: 절대 믿지 마십시오. 전 덴마크인이라기보다는

고대 로마인입니다.

여기 아직 독액이 좀 남았군요.

햄릿: 자네는 사나이니

그 잔을 내게 주게, 놓으라고, 빼앗고 말테야.

오 하느님, 사태를 미궁 속에 남겨 두면

호레이쇼, 난 크나큰 오명을 남길 거야.

자네가 나를 마음속에 품은 적이 있다면,

천상의 열락일랑 잠시 동안 미뤄 두고,

이 험한 세상에서 고통 속에 숨을 쉬며

내 사연을 말해 주게.

(멀리서 행군, 안에서 포성)

저 무슨 포성인가?

(오즈릭 등장)

오즈릭: 폴란드를 정복하고 돌아온 포틴브라스 왕자가

영국 사신들에게 요란한 예포를 쏘고 있습니다.

햄릿: 오 난 죽어가, 호레이쇼.

강한 독이 내 기를 완전히 꺾어 놨어.

영국 소식을 듣기까지 살 수는 없지만,

포틴브라스 왕 선출을 예언하는 바이네.

그는 나의 임종 직전 지지를 받은 거야.

그렇게 알려주게, 그리된 이런저런 사건들과 더불…

남은 건 침묵뿐

(죽는다)

호레이쇼: 고귀한 심장이 이제야 터졌구나.

고이 잠드소서, 사랑하는 왕자님.

천사 노래 들으시며 안식처로 가소서.

(안에서 행군)

왜 고수들이 이리로 오는 걸까?

(포틴브라스, 영국사신들, 그리고 북과 군기를 든 군인들 등장)

포틴브라스: 참경은 어디 있느냐?

호레이쇼: 무엇을 보시렵니까?

슬픔이나 경악이면 찾기를 멈추소서.

포틴브라스: 이 시체 더미는 대살육을 외치는구나. 아, 오만한 죽음이여,

그대의 영원한 암실에서 무슨 잔치 벌이려고

이 많은 왕족들이 저리도 무참하게 단 일격에 쓰러졌느냐?

호레이쇼: 고맙다 할 생명이 있다 해도, 그의 입은 아닙니다.

그는 결코 그들의 죽음을 명하지 않았소.

허나 시의도 적절하게 왕자님은 폴란드 전쟁에서

또 사신들은 영국에서 당도하셨으니.

명을 내려 이 시신들을 전망 좋은 높은 단에 올려놓고,

아직 모르는 세상에게 이런 일이 어떻게 생겼는지 설명하게 해 주시오.

그러면, 음탕하고 피비리며 천륜을 어긴 행위,

우연 천벌, 우발 살인, 간계와

술책으로 빚어진 죽음과, 이번 결말에서

모사꾼의 머리 위에 떨어진 빗나간 목표에 대해 들으시게 될 겁니다.

제가 이 모든 것 진실 되게 전달할 수 있습니다.

포틴브라스: 서둘러 들읍시다.

중신들도 불러 듣게 합시다.

나로서는 이 행운을 슬프게 껴안겠소.

난 이 왕국에 잊지 못할 권리가 있는 바,

이번 호기를 맞아 주장하는 바이오.

호레이쇼: 그 문제에 대해서도 말씀드릴 겁니다.

지지를 더 끌어올 그분 입을 빌어서

허나 사람들 마음이 격양된 바로 이때,

제 일을 곧 실천에 옮기도록 해 주십시오,

음모와 과실에 덧붙여 더 많은 불상사가

생기지 않도록.

포틴브라스: 네 명의 부대장이

햄릿을 무인답게 단상으로 운반하라.

왜냐면 그가 만일 보위에 올랐더라면,

참다운 왕이 되었을 테니까. 그리고

그의 서거를 기리는 군악과 군례를

소리 높여 울리도록.

시신을 들어라. 이와 같은 광경은

전장에나 어울리지 여기선 흉하구나.

가서, 병사들로 하여금 조포를 쏘게 하라.

(시신을 메고 행군하며 모두 퇴장한 후 여러 발의 조포가 울린다.)

(2) 묘사

'묘사(描寫, description)'는 감각적인 인상을 글로 표현하는 방법이다. 묘사에서는 감각적 표현이 중요하다. 우리에게는 시각, 청각, 후각, 미각, 촉각 등 다섯 가지의 감각이 있다. 시각이 뛰어난 사람은 한번 만난 사람의 얼굴을 쉽게 기억하고, 청각이 뛰어난 사람 중에는 절대음감을 갖고 있는 사람도 있다.

세상에 관한 모든 지식은 보고, 만지고, 듣고, 냄새 맡고, 맛보는, 오감(五感)에 의한 '관찰'을 통해 습득된다. 느낌과 감각을 다시 불러내거나 어떤 심상으로 만들어 머릿속에 떠올리는 능력이 바로 '형상화'이다. 실제로 과학자나 화가나 음악가들은 그들이 직접 보지 못한 것을 마음의 눈으로 보고, 아직 세상에 나온 적이 없는 노래나 음악을 들을 수 있고 한 번도 만진 적 없는 어떤 것들의 질감을 느낄 수 있다.

동물들은 자신의 새끼를 냄새로 파악한다고 하듯, 냄새는 가장 원초적인 감각이다. 소설 파트리크 쥐스킨트의 『향수』는 뛰어난 후각을 가진 주인공의 이야기를 담고 있다.

주인공 '그르누이'는 1738년 한여름 파리의 악취 나는 생선 좌판대 밑에서 매독에 걸린 젊은 여인의 사생아로 태어난다. 태어나자마자 그는 쓰레기 더미에 버려지나 악착같은 생명력으로 살아남고, 대신 그의 어머니는 영아 살인죄로 교수형에 처해진다. 그로부터 '그르누이'의 떠돌이 생활이 시작된다. 그는 특이하게도 사람이라면 누구나 지녀야 할 냄새가 없었으며, 더욱 기이한 것은 이 세상 온갖 냄새에 비상한 반응을 보인다는 점이다.

무두장이 밑에서 일하던 그는 어느 날, 미세한 향기에 이끌려 그 황홀한 향기의 진원인 한 처녀를 찾아낸다. 그는 그녀를 목 졸라 죽이고는 그 향기를 자신의 것으로 취한다. 그의 첫 번째 살인이 이루어진 것이다. 그 후 그는 파리의 향수 제조자의 도제로 들어간다. 그곳에서 그는 자신의 인생 최대 목표가 세상 최고의 향수를 만드는 일임을 깨닫는다. 물론 거기에서 그는 끊임없는 매혹적인 향수를 개발해 내는 탁월한 능력을 발휘한다. 그러나 곧 그는 그 일에 한계를 느낀다. 그는 악취로 가득한 도시 파리를 떠나 산속의 외진 동굴로 간다. 그곳에서 자신만의 왕국을 꿈꾸며 살던 그는 어느 날 문득 자신에게 체취가 없다는 사실을 깨닫고는 경악한다. 7년 만에 그는 다시 인간 세상으로 나온다. 그리고 향수 제조사라면 누구나 꿈꾸는 도시 '그라스'로 간 그는 이제 '인간의 냄새'를 만드는 일에 전념한다. 물론 그의 목표는 지상 최고의 향수, 즉 사람들의 사랑을 불러일으켜 그들을 지배할 수 있는 향기를 만들어 내는 데 있다. 그것을 위해 그는 무시무시한 음모를 꾸민다. 그로부터 그라스에서는 원인 모를 연속 살인 사건이 발생한다. 죽은 이들은 모두 머리카락이 잘린 채 나신으로 발견된다. 온 도시는 공포의 도가니가 된다. 스물다섯 번째 목표인 세상에서 가장 매혹적인 향기가 나는 소녀를 죽이고 나서 결국 그는 체포된다.

그의 사형 집행일에 놀라운 일이 벌어졌다. 그가 지금껏 죽였던 스물다섯 명의 여인에게서 채취한 향기로 만든 향수를 바르고 나타났기 때문에, 광포해져 있던 사람들은 그에게 사랑의 감정을 느꼈다. 완벽하게 성공했다고 느끼는 순간 '그르누이'는 자신은 사랑이 아니라 증오 속에서만 만족을 느낄 수 있다는 사실을 깨달았다. 그는 그 도시를 떠나 그가 살았던 파리로, 파리 이노셍 묘지의 납골당으로 간다. 그곳에서 그는 자신이 평생을 바쳐 만든 향수를 온몸에 뿌린다. 그러자 향기에 이끌린 부랑자들은 알 수 없는 사랑의 향기에 취해 그의 육신을 모두 먹어 버린다.

『향수』는 뛰어난 후각을 가진 주인공에서 상상력이 작동했다는 점에서 흥미롭다. 뛰어난 감각은 종종 직업을 발견하는 계기가 되기도 한다. 후각이 뛰어난 사람이 향수를 만들거나 미각이 뛰어난 사람이 소믈리에가 되거나 청각이 예민한 사람이 음악가가 되는 경우는 우리 주위에서도 쉽게 찾아볼 수 있는 일이다.

묘사는 자신이 시각적으로 경험한 감각을 전달하는 데에 특히 유용하게 활용된다. 이국적인 경치를 표현하거나 아름다운 음악소리를 표현하거나 아름다운 향기를 표현하거나 화가가 그린 그림을 표현하기 위해서는 모두 묘사의 방법을 이용할 수 있다.

연습문제 09

■ 다음을 한 문단으로 묘사해 보자.

첫눈 온 아침 풍경 / 비 내리는 밤 / 좋아하는 사람의 냄새

연습문제 10

■ 다음은 고흐의 〈방〉이라는 작품이다. 이 그림을 한 단락이나 두 단락으로 묘사해 보자.

연습문제 11

■ 다음은 클림트의 〈키스〉라는 작품이다. 이 그림을 한 단락이나 두 단락으로 묘사하라.

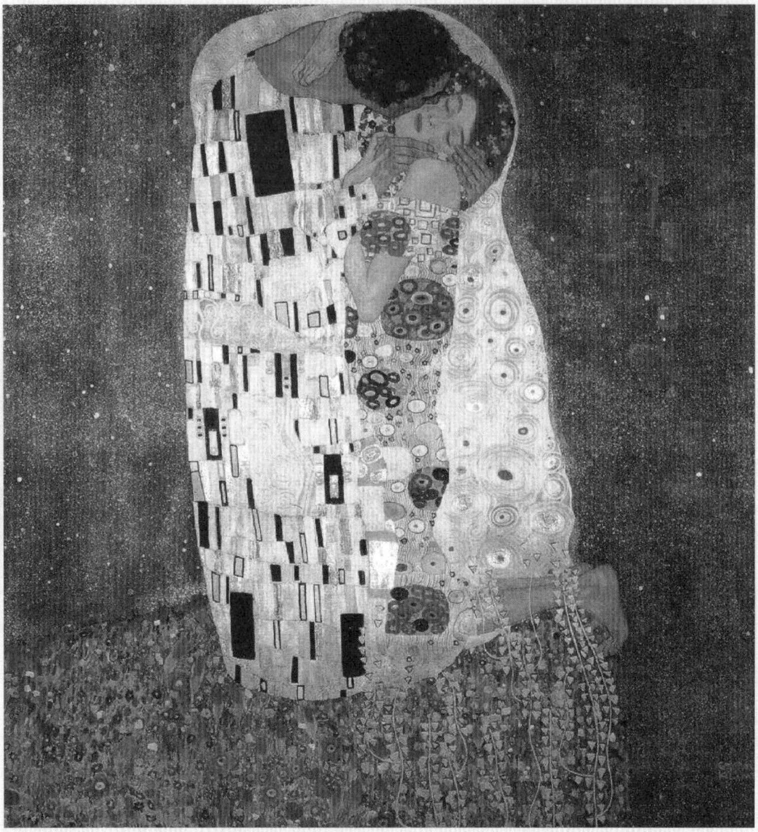

5 학술적 글쓰기

(1) 설명

- 설명(說明)이란 주제에 대해 보다 쉽고 자세하게 구체적으로 해명하는 기술 양식이다.
- 설명은 어떤 문제에 대한 호기심을 충족시키려는 시도에서 출발한다.
- 설명은 감각적인 어휘보다는 개념적 어휘를 동원하여 독자를 이해시키는 기술 방법이다.
- 설명은 독자를 논리적으로 이해시켜야 한다.

(2) 설명의 다양한 하위 유형

| '정의와 예시'를 이용한 글쓰기

- '정의(定義, definition)'는 어떤 개념에 대한 진술의 방식이다.
- '정의'는 보통 사전적 정의와 확대 정의에 의해 기술된다.
- '예시(豫示)'는 구체적이고 특수한 것을 예로 들어 추상적이고 일반적인 것을 설명하는 방식이다.

• '예시'는 추상적인 개념어를 구체적인 예를 통해 전달함으로 쉽게 이해할 수 있도록 유도한다.

읽기 자료

르네상스 엔지니어

'르네상스 엔지니어(Renaissance Engineer)'란 최근 유럽의 공학교육에서 미래의 엔지니어 상으로 제시된 개념이다. 이제까지의 엔지니어가 기술적 진보에 매여 있었다면, 미래의 엔지니어는 기술적 전문가라는 좁은 틀을 벗어나야 한다는 것이다.

르네상스 시대에 엔지니어는 장인이자 예술가였고 지식인이었다. 예컨대 15세기 초 이탈리아의 건축가 필리포 브루넬레스키는 단순히 집을 짓는 장인이 아니었다. 그는 금세공 조각, 건축, 원근법, 성채 건축, 수리공사, 역학 및 기구 제작에 능숙했다. 또 그는 당대의 인문주의자들과 교류했으며 그들이 발굴 번역한 고대의 기술 문헌을 바탕으로 새로운 기술 교과서를 저술하기도 하였다. 이어 르네상스를 대표하는 레오나르도 다빈치가 등장하였다. 그는 화가이면서 기술자였고 또 과학자였다. 그는 지질학, 광학, 음악, 식물학, 수학, 해부학, 공학 및 수리역학 분야의 관찰 기록과 자전거, 탱크, 잠수복, 낙하산, 비행기 등 시대를 앞서는 수많은 발명의 설계도를 남겼다. 15~16세기를 거치면서 브루넬레스키와 다빈치 같은 엔지니어들의 기술적 지식과 방법이 중세적 지식체계를 변화시켰으며, 이 과정에서 엔지니어들은 길드의 압박에서 벗어나 자유로운 신분으로 상승하였다.

르네상스 엔지니어라는 개념은 엔지니어가 새로운 미래를 상상하고 만들어 가야 한다는 생각을 표현하고 있다. 이는 엔지니어들이 자신들의 작업에 영향을 끼치는 경제적, 정치적, 문화적 요인들을 성찰하고 그에 개입함으로써 사회적 개혁가·지도자의 역할을 충실히 수행해야 한다는 요구이다.

-신형기 외, 『과학적 글쓰기』, 사이언스 북스, 2006, p.13.-

도움말

미래의 이상적인 엔지니어는 공학적 지식은 물론 인문 사회적 지식과 소통능력까지 겸비한 '르네상스 엔지니어'가 되는 것이다.

이 글은 3개의 단락으로 되어 있는데, 첫 번째 단락에서는 필자가 의미하는 '르네상스 엔지니어'의 정의를 간단히 기술하고 있다. 이어 두 번째 단락에서는 르네상스 엔지니어의 대표적인 인물로 피렌체의 대성당 돔(지붕)을 완성한 브루넬레스키와, 화가이며 발명가이자 과학자였던 다빈치를 들어 설명하고 있다. 끝으로 마지막 단락에서는 새로운 엔지니어의 모습의 촉구로 글을 맺고 있다.

이 글은 '정의'와 '예시'의 방법을 통해 독자들로 하여금 미래에 필요한 엔지니어 모습에 대해 이해하도록 이끌어 준다.

브레인스토밍을 통한 생각 이끌어 내기와 토론하기

① 미래의 과학 기술자

- 최근의 공학교육은 어떤 식으로 변화하고 있는가?
- 미국의 중요한 공과대학들에서는 어떤 교육을 지향하고 있는가?
- 학제간(interdisciplinary) 연구란 무엇인가?
- 기업에서 공대생들에게 무엇을 요구하는가?
- '르네상스 엔지니어'가 되기 위해서는 어떤 준비를 해야 하는가?
- 세상에 대한 호기심과 예리한 관찰과 왕성한 독서가 필요한 것은 아닐까?
- 우리나라 인물을 예로 든다면 누구를 들 수 있을까?

• 안철수 연구소의 안철수 소장을 예로 들 수 있지 않을까?

② 과학 기술 활동과 글쓰기와 의사소통 능력

과학 기술이 세계를 만들어 나가는 중요한 요소인 만큼 과학 기술의 발전에 따른 혜택이나 피해를 함께 나눌 사람들과 협력하는 일은 필수적인 절차이다. 과학기술자들에게 글쓰기와 의사소통 능력이 중요한 이유는, 그들이 동료들뿐만 아니라 정부나 기업가들, 그리고 일반 대중과도 소통을 시도하여야 하기 때문이다.

• 대학에서의 실험은 교수, 조교, 다양한 수준의 학생, 기능인, 그리고 기기제작자의 협력에 기초한 활동이다.
• 현대 과학 기술 연구는 복합 학제적 팀 연구로 나아가는 추세이다. 분야가 다른 과학자들과의 소통이 절실히 요구된다.
• 산업체와 연구소의 책임자와 관리자는 정부와 기업과도 접촉하게 된다. 정부나 산업체의 관계자 앞에서 자신의 연구 결과를 설명하고 그것이 정책에 수용되게 하거나 생산 공정에 적용될 수 있도록 설득하여야 한다.
• 언론매체나 저술을 통해 일반인들을 대상으로 과학 기술과 문화를 대중화하는 데 앞장서야 한다.

연습문제 12

■ 다음의 단어들의 사전적 정의에서 시작하는 문장으로 시작하여 한 편의 글을 써보자.

1) 사랑

2) 행복

3) 평등

4) 권력

5) 소외

연습문제 13

■ 읽기자료를 통해 쓸거리를 발견하여 '정의'나 '예시'의 방법으로 써보자.

1) 평생 학습이란 무엇인가?

2) 서비스 마인드란 무엇인가?

3) 과학적 글쓰기란 무엇인가?

4) 하이퍼 텍스트란 무엇인가?

| '분류'를 이용한 글쓰기

- '분류(分類, classification)'는 어떤 대상의 구성 요소들을 일정한 기준에 따라 몇 묶음으로 나누어 설명하는 방식이다.
- 어떤 대상을 분류한다는 것은 그 구성 요소들 사이에 일정한 질서를 부여하거나 숨은 질서를 찾아내는 것으로 곧 그 대상을 조직화하는 것이다.

읽기 자료

엔트로피(Entropy)란 우주 내의 어떤 시스템에 존재하는 유용한 에너지가 무용한 형태로 바뀌는 정도를 재는 척도이다. 우주를 지배하는 이 물리법칙은 우리 존재의 모든 측면으로 파고든다. 에너지는 유용한 상태에서 무용한 상태를 향해 한 방향으로만 움직이기 때문에 엔트로피 법칙은 모든 인간 행위를 규정하는 틀이 된다. 엔트로피적 세계관은 환경, 문화, 그리고 생물학적 생존 그 자체에 관해 우리가 소중하게 여기고 당연하게 받아들였던 가설에 도전장을 던진다. 그러나 '엔트로피 위기'에 반대하며 기존의 세계관을 벗어 버리지 못하는 사람들은 대개 세 가지 유형의 반응을 보인다.

첫째는 "낙관주의자들"이다. 낙관주의자들은 재생 가능한 에너지원을 착취하는 새로운 방법을 찾는 데 노력을 기울일 것이다. 이들은 특히 유전공학에 기대를 건다. 이들은 유전공학 덕분에 생물학적 진화의 속도가 빨라지고 따라서 더 높은 물질과 에너지의 흐름이 보장될 것이라고 주장한다. 예를 들어, 기계화 영농에 필요한 화학비료가 없어지면 유전공학을 활용하여 질소를 직접 배출할 능력이 있는 식물을 창조하면 되고, 석유가 없어지면 유전공학으로 미생물을 대량 생산하여 고갈된 재생 불가능한 자원을 대체하면 된다는 것이다. 심지어 인간 신체도 인공적으로 생산하게 될 것이다. 모든 면에서 효율을 중시하는 낙관주의자들은 생명 자체를 "생물학적으로 좀 더 효율적인 것"으로 만들려고 할 것이다.

둘째는 "실용주의자들"이다. 실용주의자들은 낙관주의자들보다는 기계론적 세계관에 덜 매달리지만 낙관주의자들처럼 웅대한 비전도 제시하지 못한다. 실용주의자들은 기존의 구조를 약간 수정하여 엔트로피적 세계관의 의미를 일부나마 반영하려고 할 것이다. 실용주의자들은 기존의 고에너지를 수정하는 정도의 대안을 제시한다. 실용주의자들은 엔트로피가 계속 증가하고 있는 상황에서 어느 정도의 증가 속도가 적합한가에 대한 토론을 벌이고, 기존의 에너지 흐름을 효율화시켜 종말로의 시간을 최대한 지연시키려 한다.

셋째는 "향락주의자들"이다. 이들은 전체적인 상황이 나빠진다는 것에는 동의한다. 이들은 대기 오염, 식품 오염, 자연의 파괴 등에 대해 불평을 늘어놓는다. 그러나 자신들이 할 수 있는 일이란 아무 것도 없으며, 인간은 본질적으로 욕심 많고 파괴적이라고 말한다. 누군가가 시스템을 바꾸자고 하면 그때마다 나빠지지 않으면 다행이라고 반대한다.

낙관주의자, 실용주의자, 향락주의자들은 모두 한 가지 공통점이 있다. 이들은 모두 오늘날의 상황이 나쁘기는 하지만 우리 세대는 앞 세대보다도 현실을 잘 이해하고 이를 장악하고 있다고 믿는 것이다. 환원주의적 시각에서 보면 우리는 점점 많은 것을 아는 것처럼 보인다. 그러나 동시에 우리는 우리 주변에서 어떤 일이 일어나고 있는지를 더욱더 이해하지 못하게 된다.

-제레미 리프킨, 『엔트로피』, 세종 연구원, 2000, pp.286~296.중에서 발췌-

도움말

이 글은 제레미 레프킨의 『엔트로피』 중의 일부를 발췌한 것으로, 자신의 엔트로피 가설에 대해 의구심을 품는 사람들의 유형을 분류하고 이에 대한 비판적 결론을 내리는 부분이다.

읽기자료는 서론과 본론과 결론의 3단 구성으로 된 5단락의 글이다. 이 글에서 본론은 세 가지 '분류'의 방법에 의해 기술되고 있다. 재생 가능한 새로운 에너지원을 인간이 발견할 수 있다고 믿는 유형과 에너지원이 고갈되기는 하겠지만 그 추세가 걱정스러울 정도는 아니라고 믿는 유형과 냉소적인 유형으로 분류하고 있다. 낙관주의자, 실용주의자, 향략주의자라는 명칭으로 자신의 가설에 의구심을 가진 사람들을 분류하여 설명하고 있다.

이 글은 '분류'와 방법을 통해 자신의 가설에 의구심을 품는 사람들을 보여줌으로, 엔트로피 법칙에 대해 이해하도록 이끌어준다.

브레인스토밍을 통한 생각 이끌어 내기와 토론하기

① 에너지 문제와 지구온난화 문제

- 에너지는 위기상황에 다다른 것일까?
- 에너지 문제를 둘러싼 각 나라 간의 갈등은 무엇인가?
- 수소 에너지 등은 현실화될 수 있을까?
- 지구 온난화는 어떤 문제를 불러일으킬까?
- 지구 온난화로 인한 재앙을 경고하고 있는 영화 〈투모로우(The Day After Tomorrow)〉를 본 기억을 떠올린다. 최근 전 지구상에 몰아닥친 이상고온 현상도 관련이 있는가?

② 환경 문제

제레미 리프킨은 유명한 저서 『엔트로피』에서 물리학의 열역학법칙을 통해 에너지 문제를 제기한 학자이다. 에너지는 인간 삶의 기반이자

문화의 기반이다. 어떤 사회에서든 에너지를 변환, 교환, 폐기하는 외적 도구를 통제하는 사람들이 권력을 장악하게 된다. 국가는 고갈되는 에너지를 보충하기 위해 새롭고 유용한 에너지를 찾는다는 목적으로 영토 확장을 꾀한다. 모든 제국주의적 팽창은 새로운 에너지원을 확보하려는 노력의 산물이었다. 에너지 환경은 인간이 어떤 신념 체계를 선택할 것인가에 대한 광범위한 한계를 설정한다. 제레미 리프킨은 축적된 엔트로피로 인하여 사회가 에너지원 자체의 질적 변화를 추구해야 할 시점에 이르렀다고 선언한다.

제레미 리프킨은 특히 지난 20세기 인류가 석탄 · 석유 · 천연가스와 같이 '이산화탄소'를 배출하는 에너지원을 사용함으로 인해 지구 온난화 현상이 일어나고 있음을 경고한다. 그래서 지구는 "녹아내리기" 시작했다고 경고한다. 지구 온난화는 이제 한 국가의 문제가 아니라 세계 각국의 공통 문제이다. 지구 온난화는 가공할 만한 재앙을 몰고 올지도 모른다. 이제 지구 생태계 문제는 21세기에 가장 중요한 화두로 떠오르고 있다.

연습문제 14

■ 다음에 대해 '분류'의 방법을 이용하여 한 편의 글을 써보자.

1) 우리 대학교의 학과 소개

2) 내가 전공하는 전공과목의 세부 전공에 대해 설명하는 글

3) 동물을 분류하는 기준에 대하여

4) 지금까지 내가 읽은 책들에 대하여 분류하기

연습문제 15

■ 읽기자료를 통해 쓸거리를 발견하여 '분류'의 방법으로 써보자.

1) 환경 문제를 바라보는 다양한 시각에 대하여 설명하시오.

2) 환경단체와 정부정책이 충돌하는 다양한 상황에 대해 설명하시오.

'비교와 대조'를 이용한 글쓰기

- 비교와 대조는 대상 사이의 공통점과 차이점에 의거하여 성립되는 설명의 방식이다.
- 비교가 대상 사이의 공통점에 중점을 둔 설명 방법이라면, 대조는 차이점에 의거한 설명 방법이다.
- 비교와 대조의 경우 내용을 요약하여 하나의 표로 정리할 수 있다.

읽기 자료

'목숨을 건 전투'와 '즐거운 생활'

한국에서 우리 부자의 얘기가 화제라고 한다. 도대체 뭐가 재미있다는 건지 나로서는 이해가 잘 안 갈 뿐이다. 젊은 세대, 그들의 생각과 감각을 이렇게 이해하지 못하면서 내가 그들과 함께 몸을 섞고 일을 하고 있는 게 맞는 일인지 걱정스러울 정도다.

나는 10년간의 독일 분데스리가 생활 중 선발로 못 나온 게 딱 두 번 있었고, 중간에 교체돼 나온 게 한 번 있었다. 그땐 하늘이 무너지고 땅이 꺼지는 줄 알았다. 내가 얼마나 심하게 낙담을 했으면 감독이 그 다음 경기 전에 나를 불러 이렇게 말할 정도였다. "다음부터 너를 빼려면 미리 말해줄 테니까 아무 걱정하지 말고 뛰어라!" 그 당시 나에게 축구는 생활이 아니라 '밀리면 끝나는 전투'였던 것 같다.

그런데 아들 두리는 확실히 다르다. 축구는 '자신을 행복하게 해 주는 생활'인 것 같다. 축구를 하는 것만으로도 너무나 좋은. 그러니 TV 해설을 하면서 이놈은 "전 그때 후보라서 잘 몰라요"라고 멀쩡하게 얘기하는데 옆에 있는 내가 진땀이 났다. 내가 두리에게 배우는 게 하나 있다. 언젠가 자전적인 글에도 썼던 적이 있지만 '남의 행복이 커진다고 내 행복이 줄어들지는 않는다'는 것이다. 그래선지 이 녀석은 항상 여유가 있다. 늘 최고여야 한다는 강박관념 때문에 남을 인정하는 여유가 없는 나에 비해 두리는 동료를 인정하는 여유가 있다. 그래서 두리의 삶이 나보다 더 즐거운 모양이다. '행복이'. 두리의 e-메일 닉네임이다. 굳이 그런 이름을 쓰는 걸 보면 천성이라기보다는 행복해지고 싶어 스스로 하는 노력인지도 모르겠다.

마치 우리나라 젊은이들이 연예인들을 얘기하듯, 외국 축구선수들의 사생활까지 줄줄 꿰는 두리가 옆에 있으니 든든하다. 스페인의 황태자비가 화면에 잡히자 '예쁘죠?'하는 말이 하고 싶어서 혼났다며, 중계를 마치자마자 황태자비의 전력에서부터 사생활까지 쫙 얘기해 준다. 두리와 함께 해설을 해야겠다고 마음을 정한 이유가 여러 가지 있지만 한때 '기자'를 꿈꿀 정도로 다방면에 관심이 많은 두리에게 도움을 받고 싶었던 것도 그중 하나였다. 나는 지난 몇 년 동안 이전처럼 유럽축구에 많은 관심을 가질 수 없었다. 축구의 흐름을 읽는 거야 자신이 있지만, 선수들의 현재 상황을 팬들에게 현실감 있게 설명해 줄 경험과 정보가 부족했다. 내가 생각했던 것보다 두리는 훨씬 더 많이 알고 있었다. 또 나와 다른 요즘 아이들의 생각도 들을 수 있었다. 물론 친구들의 얘기를 하는 것이니 내가 하는 것보다 자연스러웠다.

그러나 본인도 분데스리가에서 뛰는 축구선수이면서 베컴의 자서전을 머리맡에 놓고 잠들거나 지단에게 가서 공에 사인을 받고는 즐거워하는 것은 여전히 이해하기 힘들다. 나는 그러지 않았다. 상대가 아무리 대단한 선수였어도 나에게는 한번 붙어 보고 싶은 경쟁자일 뿐이었다. 우리 시대의 삶은 '성공'에 모든 것을 두었다. 그러나 두리가 살고 있는 지금은 '행복과 즐거움'이 그들의 중심에 있는 것 같다.

부럽다. 그리고 이런 세상을 그들에게 물려준 우리 세대가 자랑스럽다.

- 차범근 〈중앙일보 2006년 6월 19일자〉컬럼 -

도움말

이 글은 차범근 감독이 월드컵 기간에 쓴 것으로 같은 축구선수로서의 삶을 꾸려 가고 있지만 너무나 다른 가치관을 갖고 살아가는 자신과 아들의 특징을 통해, 나아가 두 세대의 모습을 '대조'의 방법으로 보여주고 있다.

우선 차범근에게 축구가 "밀리면 끝장나는 전투"였음에 비해, 차두리에게는 "행복하게 해주는 생활"임을 여러 가지 일화를 통해 진술하고 있다. 축구를 바라보는 시각의 차이가 다른 만큼 동료를 대하는 태도 역시 대조적이다. 차범근에게 동료는 "붙어 보고 싶은 경쟁자"임에 비해 차두리에게 동료는 "같은 일을 하는 동반자"이다. 차범근 자신이 늘 최고여야 한다는 강박관념을 갖고 있는 데 반해 차두리는 타인을 인정하는 여유를 갖고 있다는 것이다. 차범근은 자신과 차두리의 대조적인 모습을 좀 더 확대하여 '성공 신화'를 품고 살아온 자신의 세대와 '행복과 즐거움'을 추구하는 차두리 세대를 대조적으로 조명하고 있다.

특히 이 글에서 가장 매력적인 부분은 인상적인 끝맺음이다. 필자는 "(차두리 세대가) 부럽다. 그리고 (우리 세대가) 자랑스럽다"로 끝맺음 하고 있는데, 이 부분이야말로 글을 쓴 필자의 생각이 확실히 드러나는 부분이다. 헝그리 정신으로 살아올 수밖에 없었던 자신의 세대에 대한 무한한 긍지와 함께 그 아버지의 세대를 품고 풍요로운 행복의 시대를 누리는 아들 세대의 여유를 동시에 긍정하고 있다.

연습문제 16

■ 다음에 대해 '비교와 대조'의 방법을 이용하여 한 편의 글을 써보자.

1) 아날로그와 디지털

2) 느림의 미학과 빠름의 미학

3) 예술과 외설

4) 슈퍼맨과 배트맨

연습문제 17

■ 다음의 표 자료에 나타나는 사회구성원의 세대별 특성을 비교, 대조하는 한 편의 글을 써보자.

▶ 사회구성원의 세대별 특성 비교

	라디오 세대	텔레비전 세대	컴퓨터 세대
직장과 개인의 관계	직장>개인	직장=개인	직장<개인
윤리기준	부모의 가르침을 중시	이상주의	냉철한 현실주의

6 실용적 글쓰기

(1) 기업과 홍보

오늘날의 기업은 영향력, 자원, 지식, 전문기술 등을 활용하여 성과를 거두고 있다. 특히 기업이 소비자에게 어필할 수 있는 방법으로 직접적인 상품 광고는 물론이거니와 기업 이미지와 제품에 대한 신뢰도를 향상시키는 기업 이미지 홍보 역시 중요한 역할을 수행하고 있다. 기업의 명확하고 통일된 비전은 기업이 존재하기 위한 기반이 된다. 기업은 경영 철학, 기업 문화 그리고 사회공헌도를 제시하여야 하며, 리더십과 비전, 전략과 혁신 기술 등을 홍보함으로써 기업의 인지도를 높여야 한다. 기업 홍보는 이렇듯 회사를 소개하고 널리 알리기 위해 제작되지만 궁극적으로는 브랜드(Brand) 가치와 기업 이미지를 제고시키기 위해 가장 널리 애용되고 있는 방법 중의 하나이다.

'유한킴벌리'는 환경이라는 분명한 비전을 제시하고 있는 대표적인 기업 가운데 하나이다. '유한킴벌리'의 회사 홍보를 예로 들어 기업 홍보 전략의 내용과 방향을 살펴보자.

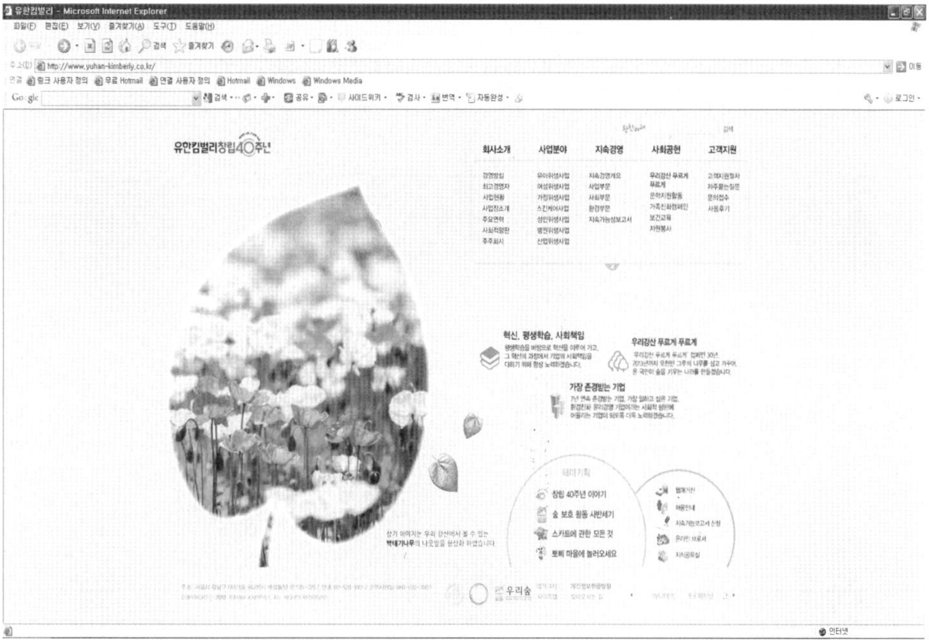

이 기업의 기업홍보는 1) 회사소개 2) 사업분야 3) 지속경영 4) 사회공헌 5) 고객지원으로 구성되어 있다.

1) 회사소개

회사를 세운 유일한 박사에 대한 소개, 최고경영자 소개, 사업소개, 기업문화, 사회적 평판, 주주회사 등을 소개하고 있다.

2) 사업분야

유아용품, 여성용품, 가정용품, 성인위생용품, 산업용품, 병원용품, 디지털날염, 화장품 등의 분야를 소개하고 있다.

3) 지속경영

지속경영 개요, 사업부문, 사회부문, 환경부문 등을 소개하고 있다.

4) 사회공헌

우리강산 푸르게 푸르게, 문학지원활동, 가족친화 캠페인, 보건교육, 자원봉사 등의 항목으로 구성되어 있다.

5) 고객지원

고객지원 절차, FAQ, 문의사항 접수, 사용후기 등으로 구성되어 있다.

사례로 든 유한킴벌리는 '우리강산 푸르게푸르게' 캠페인을 통해 지난 25년 동안 생태환경보존을 위한 국 · 공유림 나무심기, 숲 가꾸기, 자연환경 체험교육, 숲 · 생태 전문가 양성, 연구 조사, 해외 사례연구 등 숲을 중심으로 하는 다양한 활동을 펼치고 있다. 국내에서는 건강한 숲을 만들기 위한 목적으로 1984년부터 국공유지 1,538 ha에 505만여 그루의 나무를 심었으며, 5,977 ha에 1,560만여 그루를 대상으로 천연림 보육, 어린 나무 가꾸기, 솎아베기 등의 숲 가꾸기 사업을 실시하여 총 7,533 ha의 숲을 조성하고 가꾸었다. 또 숲을 가꾸기 위해 필요한 64.8 km의 숲길을 신설 또는 보수하여, 건강한 미래 숲 조성에 기여하였다. 이러한 활동은 1998년 국민과 함께하는 생명의 숲 국민운동, 1999년 평화의 숲, 동북아산림포럼, 2000년 한국내셔널트러스트, 2003년 서울그린트러스트 등 다양한 숲 보호 및 확장 운동으로 확산되는 계기를 제공하였다.

유한킴벌리는 '우리강산 푸르게 푸르게'라는 친환경적인 광고로 기업 홍보를 일관성 있게 나가고 있다. 기업 이미지 구축에 성공했을 때 소비자들은 "우리강산 푸르게 푸르게"라는 말만 들어도 기업을 떠올리게 됨으로 기업 이미지를 홍보하는 데 성공하였다고 볼 수 있다.

연습문제 18

사례로 든 '유한킴벌리'의 기업 홍보를 분석하여 해당 기업이 전달하고자 하는 핵심 메시지가 무엇인지 설명하고, 그러한 메시지가 이 기업의 홍보 메시지로 적절한 것인지에 대해 근거를 들어 설명해 보자.

또, 기업을 하나 설립했다고 가정하여 그 기업의 핵심 비즈니스 아이템을 결정해 보자. 그리고 위 사례에 나오는 것처럼 기업 홍보를 실시한다고 생각하고, '회사소개' '사업분야' '사회책임' '고객지원' 등의 항목을 설정하여 기업 홍보를 작성해 보자.

연습문제 19

아래의 예문은 한 기업 브랜드 마케팅을 위한 구상이다. 아래의 예문을 분석해 보면 경영 철학(첫 번째 문장) – 전략(두 번째 문장) – 광고(세 번째 문장) – 비전 제시(마지막 문장)를 드러내고 있다. 한 기업을 선택하여 마케팅 커뮤니케이션 전략을 네 문장의 글로 완성해 보자.

SK 엔크린을 파워브랜드로 만들기 위한 마케팅 커뮤니케이션 전략

1995년 10월 출시되어 SK주식회사의 대표적 브랜드이자 국내 휘발유 대표브랜드로 자리매김한 SK 엔크린은 언제나 엔진과 환경을 보호하는 깨끗한 에너지(Engine Clean, Environment Clean, Energy Clean)라는 뜻을 담고 있습니다. SK 엔크린이 이처럼 파워브랜드로 성장할 수 있었던 것은 명실상부한 세계최고수준의 품질을 바탕으로, 카드마케팅과 같은 고객서비스 향상을 위한 마케팅 활동을 병행하는 등 경쟁사와의 차별화 전략이 주요했기 때문이라고 생각합니다. 아울러 런칭 초기부터 현재까지 이어지고 있는 일관성 있고 체계적인 광고의 역할 또한 빼놓을 수 없을 것입니다. 앞으로도 SK 주식회사는 지속적인 제품 성능 향상을 위한 노력, 고객만족을 위한 다양한 마케팅 활동, 그리고 고객의 생활 깊숙이 파고드는 다양한 가치의 창조를 통하여 SK 엔크린이 모든 소비자들에게 선택 받는 브랜드로 그 입지를 더욱 확고히 하고자 합니다.

–『브랜드 마케팅』, 굿모닝 미디어, 2002, 223쪽–

(2) 이력서와 자기소개서

취업을 하기 위해서는 이력서와 자기소개서 작성이 필요하다.

이력서는 취업을 하기 위한 서류이다. 취직을 하기 위한 서류인 만큼 이력서에는 정확한 정보와 사실만을 기입하여야 한다. 이력서는 인사담당자가 가장 먼저 보는 서류이기 때문에 중요하다. 정성스럽고 차별화된 이력서는 면접의 기회를 얻는 데 유리하다.

이력서에 기입하여야할 것은 개인정보 외에 학력, 경력, 특기사항 등이 있다.

1) 학력

- 보통 고등학교 때부터 적는 것이 일반적이다.
- 남자는 군복무 경력을 학력 사이의 해당기간에 넣어야 한다.

2) 경력

- 신입 사원의 경우 아르바이트 경력을 작성하는 것이 좋다.
- 재취업의 경우는 기존에 근무한 근무처와 직명을 정확히 기록하여야 한다.

3) 특기사항

- 각종 자격증, 면허증 발급사항 등을 기재하는 것으로 국가가 공인한 자격증만을 적는 것이 좋다.
- 신입사원의 경우 수상경력을 기록하는 것도 좋다.

이력서 양식 샘플

<table>
<tr><td rowspan="4">사 진</td><td colspan="5">이 력 서</td></tr>
<tr><td rowspan="2">성 명</td><td colspan="2" rowspan="2">㊞</td><td colspan="2">주 민 등 록 번 호</td></tr>
<tr><td colspan="2">-</td></tr>
<tr><td colspan="5">생년월일 서기 년 월 일생 (만 세)</td></tr>
<tr><td>현 주 소</td><td colspan="3"></td><td>자택전화</td><td></td></tr>
<tr><td>E-mail</td><td colspan="3"></td><td>휴대전화</td><td></td></tr>
<tr><td>호 적 관 계</td><td>호주와의관계</td><td colspan="2"></td><td>호주성명</td><td></td></tr>
</table>

년	월	일	학 력 및 경 력 사 항	발 령 청
			자격 및 수료	
			수료 및 표창	

위 이력서에 기재된 모든 사항은 사실에 근거한 내용임 확실합니다.

200 년 월 일 위 본인 (인)

서류인 이력서에 비해 자기소개서는 자신을 소개하는 글이다. 그런 의미에서 자기소개서는 그 사람의 얼굴이며, 면접 질문의 중요한 자료가 되며, 서류 전형의 당락에 영향을 미친다. 자기소개서는 지원하는 회사마다, 부서마다 정해진 형식이 있다. 그 형식에 맞게 작성하여야 한다. 요즘에는 서류를 통과하기도 어려운 상황인 만큼 자기소개서는 2차 면접의 기회를 얻느냐, 얻지 못하느냐 하는 갈림길에서 중요한 역할을 한다. 자기소개서의 핵심은 자신의 능력과 열정을 부각하여 읽는 사람에게 강한 인상을 남기는 것이다. 자기소개서에 기입할 것 가운데 중요한 것은 성장과정, 성격의 장단점, 학교 생활, 지원동기와 입사 후 포부 등이 있다.

1) 성장과정

• 기업체 이미지에 맞는 특성을 부각하라.

2) 성격의 장단점

• 기업체 이미지에 맞는 장점을 부각하라.

3) 학교 생활

• 직업과 관련된 프로젝트 경험이나 연수활동 등을 구체적으로 제시하라.
• 동아리 활동이나 봉사 활동을 소개하라.

4) 입사 후 포부

• 지원하는 기업에 관심을 갖게 된 배경을 써라.
• 입사를 위해 준비한 노력과 입사 의지를 밝혀라.

| 자기소개서 샘플

■ 선박해양시스템과

1. 자기소개

저는 인생이라는 미로 속에서 벌써 세 번째 '인생의 교차로'를 지나 앞으로 나갈 준비를 하고 있습니다. 앞으로 얼마나 더 많은 인생의 교차로를 만날지 모르지만 지금까지는 후회 없는 성공적인 선택을 하여 왔다고 자부합니다.

첫 번째 교차로는 "출발"이었습니다. 인천해사고등학교를 졸업할 때 저는 취업과 해양대학 진학이라는 두 가지의 갈림길에서, 취업을 선택하였습니다. 그 후 5년 동안 항해사로 승선생활을 하며 지도자로서 많은 부하직원을 통솔하며 리더십을 배울 수 있었습니다. 저는 승선생활을 하며 지구 15 바퀴를 돌고 15 개국을 다녀와 넓은 세상을 접하며 견문을 넓혔습니다.

두 번째 교차로는 "기회"였습니다. 승선생활 중 해운업계의 핵심인 해운영업부의 인턴사원 후 선박운항감독직이라는 인사발령을 받았습니다. 항해사로서의 꿈이 컸던 제게는 좋은 조건이었습니다. 숙고 끝에 본사의 조건을 수락하고 승선생활을 접고 새로운 길로 달려 나갔습니다. 해운영업을 배우고 감독직을 맡아 부하직원을 관찰하고 그의 특색에 맞는 직무를 부여하였습니다. 저는 부하직원의 능력을 발굴하는 일을 하면서 판단력과 상황대처능력을 배울 수 있었습니다.

세 번째 교차로는 "배움의 열망"이었습니다. 어려서부터 욕심이 많았던 저는 무엇인가를 만들고 왜 그런지 생각하고 연구하는 것이 취미였습니다. 특히 승선생활을 하면서 선박의 구조와 선박의 과학적인 설계를 두루 배우고 싶다는 욕망을 느꼈습니다. 부족함이 없던 회사생활을 과감히 정리하고 조선공학의 배움을 얻고자 대학진학의 길을 선택하고 인하공전에서 공부를 하였습니다.

앞서 말한 것과 같이 저는 세 번의 선택과 결단으로 제 삶을 꾸려 왔습니다. 현재 저에게 주어진 삶의 목표는 제가 승선생활을 하면서 보고 느꼈던 선박의 장점을 더욱 높이고 단점을 보완하여 인간의 삶을 윤택하게 하는 최고의 선박을 설계하는 것입니다.

2. 지원동기와 포부

고등학교를 다닐 때 저는 선박 모형제작 동아리를 맡아 각종 선박 모형제작 대회에 출전하곤 했습니다. 그때부터 저는 선체의 구조와 설계 그리고 선박건조기술 등에 관한 관심이 많아 선생님들을 귀찮게 했습니다.

고등학교를 졸업한 후 승선생활을 하며 수많은 종류의 선박을 보았습니다. 그 가운데에서 저의 마음을 가장 사로잡은 것은 호화여객선 (크루즈선)이었습니다. 저는 여객선 승선 경험은 없지만 5년간 5척의 승선생활 중 모두 Dry Dock을 경험하게 되어 선체에 대해 보다 많은 것을 보고 배우며 선박의 구조 중 선체의 중요성에 대해 알게 되었습니다. 많은 이국 항구를 드나들며 초호화여객선을 직접 본 이후, 선체구조에서 선실 내부 및 인테리어까지 한번 도전하고 싶다는 꿈을 갖게 되었습니다.

현재 초호화여객선 사업은 대부분이 유럽 국가에서 담당하고 있습니다. 하지만 2007년 10월 STX 조선에서 세계 2위 초호화여객선 건조 업체인 아커 야즈(AKER YARDS)를 인수해 초호화여객선 사업에 뛰어든다는 소식을 들었습니다. 이것이 계기가 되어 인하공업전문대학 선박해양시스템과에 진학하여 조선공학도로서의 꿈을 키워 나갔습니다. 2년간의 배움의 길을 걸으며 승선생활의 경험과 학교에서의 이론을 접목할 수 있게 되었습니다.

제가 생각하는 크루즈선의 현대적 의미는 사람들이 추구하는 특별한 여가 활동을 제공하는 수단으로 선박, 호텔, 리조트 등의 개념을 합친 것이며 다양한 편의시설의 복합체입니다. 또한 예술적 감각을 접목한 선박설계는 국가적으로도 고부가가치를 얻을 수 있는 좋은 사업이라고 생각합니다. 이 모든 것을 이룰 수 있는 회사로 크루즈선 사업에 첫발을 디딘 STX조선의 크루즈 사업부야말로 저의 포부를 이룰 수 있는 곳이라 판단하였습니다.

저의 포부는 첫째로 고객의 폭넓은 취향에 맞는 다양한 선실 인테리어 및 차별화된 편의시설 설계입니다. 대한민국의 조선업계는, 선체 설계 부분에 있어서는 뛰어나지만 선실 인테리어 및 기타 편의시설 설계 기술에 있어서는 아직 미흡하다고 생각합니다. 타 회사에서 실현시키지 못한 육상의 특수한 편의시설을 선박특성에 맞게 보다 안전하고 더욱 편리한 설계를 구현시키는 것입니다. 둘째로 STX 조선의 3대 비전 중 "기술경영"이라는 말에 부합하도록 기술연구 및 개발에 동참하여 선박설계에 있어 신기술을 축적하는 기술창고가 되는 것입니다.

STX 조선이 대한민국을 뛰어넘어 세계 크루즈선 건조 산업의 핵심이 되도록 저의 경험과 능력을 보태고 싶습니다.

■ 전기정보과

1. 지원동기

저는 고등학교 때 공학의 어떤 분야가 미래에도 중요할 것인가에 대해 생각해본 적이 있는데, 제가 낸 결론은 바로 '전기' 였습니다. 물리학자 톰슨이 전기란 빛도 만들고 열도 만드는 아주 미세한 입자라는 사실을 발견한 이후, 전기는 현대 문명에서 가장 중요한 것이 되었습니다. 아무리 좋은 전자 기기를 가지고 있어도 전기가 들어오지 않으면 고철 덩어리에 불과하기 때문입니다. "전기", 짧지만 중요한 두 글자에서 저는 저의 미래를 보았습니다.

우리 생활에 꼭 필요한 전기는 3가지가 중요하다고 생각됩니다. 첫째는 안정적인 공급입니다. 전기가 과부하가 걸리거나 천재지변으로 인해 전기가 끊긴다면 사람들은 불안에 빠질 것이고 사회는 혼란에 빠질 것입니다. 둘째는 안전성입니다. 안전하지 못해 사고가 일어난다면 큰 불행이 생길 것입니다. 마지막으로 경제성입니다. 전기 값이 너무 비싸면 전기를 쉽게 사용할 수 없기 때문입니다.

한국전력공사는 창의로 진화하는 전문인, 열정과 행동의 실천인, 더불어 발전하는 협력인을 원한다고 알고 있습니다. 감히 저는 한국전력공사가 원하는 인재상에 부합한 인물이라 생각됩니다. 저는 인하공업전문대학 전기정보과에서 실무적인 지식을 쌓았습니다. 또한 태권도부라는 동아리 활동을 하면서 열정을 불태웠습니다. 나아가 같은 과 친구들과 프로젝트를 하는 과정에서 협력의 위대함도 깨달았습니다. 이렇게 중요한 전기산업에 저의 지식과 열정을 보태기 위해 한국전력공사에

지원하게 되었습니다.

2. 입사 후 포부

한국전력공사는 저탄소 녹색경영체재 구축을 위해 2010년 8대 녹색기술 개발과제를 선정했습니다. 이와 함께 이산화탄소 감축 목표를 설정하고 탄소 배출권 확보에도 적극적으로 나서고 있습니다. 또한 한국형 원전으로 1200조 글로벌 시장 선점을 위해 총력을 기울이고 있습니다. 2009년의 아랍에미레이트 초대형 원전건설 프로젝트 수주는 한국전력 사업전망을 밝게 하는 성과였습니다. 에미레이트 원자력 공사가 발주한 이 사업은 원자력 발전소 4기 규모로 이 중 1호기를 2017년까지 준공할 예정임을 알고 있습니다.

입사한다면 저는 업무 하나하나에 성실한 자세로 임할 것이며 앞으로 효율적으로 전기를 생산할 수 있는 방법을 찾는데 시간과 노력을 아끼지 않을 것입니다. 또한 동료와 조화를 이루며 생산적으로 업무를 수행할 것입니다. 가정과 사회에 빛이 되는 한국전력처럼 회사에 빛이 되는 사람이 되겠습니다.

■ 컴퓨터 시스템과

1. 자기소개

지금까지 살아오면서 제 인생을 좌우할 수 있는 두 가지의 중요한 일이 있었습니다.

첫째로, 초등학교 시절 미술을 배우면서 창의력이 풍부해진 사실입니다. 미술을 접하고 여러 가지 소재를 생각하고 그리게 되면서 상상력이 풍부해졌습니다. 또한 상상하기를 즐기다 보니 발명품 아이디어 대회에 참가하여 상을 탄 경험도 있습니다. 저는 제가 '풍부한 상상력이 가득한 사람'이라고 소개드리고 싶습니다.

둘째로, 학창 시절에 온라인 게임을 접하고 즐기면서 문득 "게임을 만들려면 어떻게 프로그램을 만들어야 할까?" 라는 의문이 들었습니다. 그 당시는 지식이 없어 가슴에 묻어두었지만 대학생이 되어 컴퓨터 학과에 재학하며 C언어, 자바 등 여러 컴퓨터 언어와 프로그래밍을 배워 가슴 속에 묻어두었던 의문을 하나하나 해결하면서 성취감을 맛볼 수 있었습니다. 저는 제가 '꿈을 키워가는 사람'이라고 소개드리고 싶습니다.

2. 지원동기와 경력사항

제가 학창 시절에 즐긴 대부분의 게임이 '넥슨'에서 만든 것이었습니다. 넥슨은 게임을 좋아하는 사람들에게 가장 친숙한 국내 게임업체입니다. 또한 영향력도 크다고 들었습니다. 그렇기에 이곳에서 제 인생을 걸고 포부와 뜻을 펼치고 싶습니다. 여러 회사들이 많은 게임을 만들어 나타났다가 사라짐을 반복해 나가는 이 시기에, 게임의 성공을 뒤에 업고 도약하여 '넥슨'이란 이름이 세계에 알려져야 할 때라고 보고 있습니다. 또한 이를 아우를 수 있는 멀티플레이어로서의 프로그래머가 필요하다고 봅니다.

새로운 것을 즐기고, 한번 목표를 정하면 실패를 두려워하지 않고 이루고 마는 저와 창의성과 도전을 중시하는 '넥슨'은 공통점이 있다고 봅니다. 저는 학창 시절에 컴퓨터프로그래밍에 필요한 언어와 멀티미디어, 네트워크 시스템 등의 전반적인 지식을 습득하였고, 운영자와 유저

간의 상호적인 관계와 실무에 필요한 영어, 그리고 게임 그래픽과 디자인에 관한 실무 능력을 가지고 있습니다. 그리고 정확한 지식 없이 게임을 만들면 재미있는 게임을 만들 수 없고 또 유저들이 재미없는 게임은 즐기지 않는다는 것을 잘 알기에 제가 배워왔던 프로그램의 관련 자격증을 취득했습니다.

저는 글로벌 기업으로 뻗어 나갈 무한한 가능성을 가지고 있는 '넥슨'의 프로그래머로서의 역할을 충실히 수행하리라 확신합니다.

■ 토목환경과

1. 지원동기

저는 모든 산업의 기초에 토목공학이 존재한다고 생각합니다. 우리가 살아가는 사회의 제반시설은 물론 우리가 일상생활을 영위하는 데 사용되는 건축물까지 토목 공학이 있어야 가능하다고 알고 있습니다. 저는 몇 년 전에 텔레비전의 한 방송 프로그램에서 태국과 말레이시아 접경지역에서 '삼성 엔지니어링'이 온갖 난관과 역경 속에서도 가스 플랜트 공사를 친환경적으로 책임 시공하는 내용을 인상 깊게 보았습니다. 그 이후 제게는 '삼성 엔지니어링'이 꼭 입사하고 싶은 회사로 자리매김 되었습니다. 이를 위해 인하공전 토목환경과에 입학하였습니다.

저는 대학에 와서 전공과 어학 실력을 키우기 위해 노력했습니다. 우선 전공 부분에서는 좋은 학점을 받았으며 토목산업기사 자격증과 건설재료산업기사 자격증을 땄습니다. 여름방학에도 전공 교수님과 땀을 흘리며 자격증을 따기 위해 학교에 나와 공부를 했는데, 다닐 때는 힘이

들었지만 자격증을 받았을 때는 큰 보람을 느꼈습니다. 또한 저는 어학에도 관심이 많아 재학 시절 학교에서 주최하는 어학연수로 말레이시아에 한 달 동안 다녀왔습니다. 어학연수를 통해 영어 실력도 키웠지만, 그것보다 더 중요한 것은 외국 사람들과 의사소통할 수 있다는 자신감을 얻은 것입니다.

2. 입사 후 포부

삼성 엔지니어링의 사업 분야는 화공 플랜트, 산업 플랜트, 환경 인프라 부분으로 구성되어 있다고 알고 있습니다. 플랜트 사업은 크게 설계와 시공으로 나누어져 있는데, 이 가운데 제가 관심을 가지는 부분은 '시공' 부분입니다. 저는 공사를 할 때 가장 중요한 요소는 공사기간을 엄수하는 것과 안전을 유지하는 것이라고 알고 있습니다. 특히 공사기간을 맞추는 것은 시공에서 가장 기본이면서도 어려운 부분이라고 알고 있습니다. 설계 때는 미처 알지 못했던 그 지역의 취약점, 자연재해나 인력 공급의 문제로 공사기간이 늦추어진다면 커다란 위기 상황에 봉착할 수도 있습니다. 그럴 때 공사기간을 단축할 수 있는 대안모색이 중요하다고 생각합니다. 또한 재해 없는 공사현장을 유지하는 것도 토목공학도라면 반드시 갖추어야할 자질이라고 생각합니다.

이처럼 시공을 종합적으로 책임지는 건설현장 소장이 되는 것이 저의 포부입니다. 저는 건설현장 소장은 크게 두 가지 자질을 갖추어야 한다고 생각합니다. 첫 번째는 사람들과 친화적인 관계를 유지하는 것입니다. 소장은 위로는 본사와 소통하면서 아래로는 현장을 지휘하여야 합니다. 현장에 투입되는 사람들을 통솔하지 못한다면 성공적으로 일을 처리할 수 없습니다. 저는 적극적인 사람으로 충분히 이 역할을 할 수 있습니다. 두 번째는 상황대처능력을 가지고 있어야 한다고 생각합니다. 건설 현장에서는 처음에 의도하지 못했던 돌발 상황이 발생할 수 있습니다. 이 대처 능력이야말로 성공과 실패를 가르는 중요한 변수가 될 것이라 생각합니다.

위와 같이 '삼성 엔지니어링'에 입사하기 위해 성실히 준비해온 제가 귀사의 일원이 된다면, 저는 저의 발전은 물론 회사의 미래를 위해 열심히 노력하겠습니다.

■ 항공운항과

1. 지원동기

저희 가족은 여행을 좋아하여 저는 어렸을 때부터 비행기를 자주 탔습니다. 가족들과 처음 가 본 외국 여행에도, 친구들과 함께한 제주도 졸업 여행에도 항상 대한항공이 가까이 있었습니다. 특히 행복한 여행의 중심에 대항항공 승무원의 미소가 있었습니다.

저는 승무원에게는 세 가지 능력이 중요하다고 생각합니다. 첫째는 건강한 신체이고 둘째는 서비스 정신이며 셋째는 외국어능력입니다. 저는 인하공전 항공운항과에 입학한 이후 체력을 기르기 위해 일주일에 한 번 수영 연습을 하여 왔습니다. 겉으로 보이는 화려함과 달리 좁은 기내에서 서비스를 한다는 것은 체력 소모를 많이 요구한다고 알고 있습니다. 수영으로 단련된 건강함이야말로 저의 첫 번째 능력입니다. 또한 저는 언제나 밝은 미소를 머금는 승무원이 되기 위해 다양한 매너와

몸가짐을 배워 왔습니다. 높은 감성지수와 내면에서 우러나는 웃음은 저의 두 번째 능력입니다. 인하공전에 입학한 이후 외국어 실력도 키웠습니다. 650점의 토익점수와 영어, 일어 그리고 약간의 중국어 회화가 가능합니다.

사람들과 어울리는 것을 좋아하는 저는 많은 동아리 활동 속에서 조직 생활에 가장 중요한 것은 '융통성'과 '약속엄수'라는 것을 깨달았습니다. 이것은 승무원이 되기 위해서도 반드시 지녀야 할 사항이라고 생각합니다. 또한 저는 외국문화와 외국어에도 관심이 많습니다. 해외에 나가면 먼저 외국인에게 인사를 건네며, 헤어질 때는 친구가 되어 있을 만큼 붙임성도 남다른 편입니다. 늘 세계 각국의 많은 승객들을 상대하고 여러 동료들과 생활해야 하는 승무원이라는 직업이 저에게 잘 맞을 것이라 판단하여 대한항공에 지원하게 되었습니다. 기회를 주신다면, 대한항공에 일조하는 일원이 되어 성실히 업무에 임하겠습니다.

2. 입사 후 포부

조직 생활 속에서 개인의 역량을 빛낼 수 있는 직업은 그리 많지 않다고 생각합니다. 객실 서비스 승무원은 이러한 점에 있어서 매력적입니다. 대학 입학 전, 저는 외국여행을 하면서 대한 항공을 주로 이용하였습니다. 유니폼을 입은 승무원들이 모두 한결같아 보였지만, 조금 더 들여다보면 승무원 한 사람마다 승객에게 선사하는 서비스와 느낌은 각기 다른 색깔을 지니고 있음을 알 수 있었습니다. 그 뒤로 승무원의 직업에 대해 관심을 가지게 되었고, 인하공업전문대학 항공운항과에 입학하여 승무원의 꿈을 이루고자 노력하고 있습니다.

대한항공은 태극마크로 인지되듯 명실상부 한국을 대표하는 항공사입니다. 대한항공은 한국에서 최초로 태평양을 건넜으며, 비빔밥으로 머큐리상을 받았으며 국제선 화물수송에서 세계 1위를 차지하였다고 알고 있습니다. 대한항공의 승무원이 될 수 있는 기회를 주신다면, 저는 대한항공의 승무원으로서의 자긍심을 키워 가며 고객들의 추억 속에 아름다운 미소로 기억되는 인재가 되도록 최선을 다하겠습니다.

■ 항공경영과

1. 지원동기

부모님께서는 제가 어렸을 때 여러 장난감 중에 항공기를 가장 좋아했다고 말씀하십니다. 또 초등학교 때 모형항공기 만들기 대회에 나가 상도 탔습니다. 이런 인연 때문인지 고등학교 때 진로를 정하면서 인하공전 항공경영과를 알게 되었고 면접 준비를 하면서 항공경영과에 들어오고 싶다는 생각을 확고하게 하게 되었습니다.

대학에 들어와 예약, 발권, 운송 등 항공사 업무에 관한 전반적인 전공공부를 충실히 하였습니다. 발권 수업 시간에는 테리프로 운임을 계산해보기도하고, 항공예약 시간에는 칼리스라는 프로그램으로 승객들의 PNR을 작성해보기도 하였습니다. 또한 어학 실력을 높이기 위해 학교에서 지원하는 일본어 연수 프로그램에 참가하여 한 달 동안 어학연수를 다녀왔습니다. 또한 경험을 넓히기 위해 군대 후 복학하기 전까지 6개월 동안 일본에 가서 피자 배달에서 레스토랑 서빙까지 다양한 현장 경험을 하였습니다. 이로 인해 불편하지 않을 정도의 일본어 능력은 물론 JLPT 1급 자격증도 땄습니다.

또한 저는 고등학교 이후 봉사활동도 계속하였습니다. 동네 복지관에서 독거노인에게 반찬을 전해드리는 봉사활동입니다. 저는 오랫동안 봉사활동을 하면서 노인들은 사실 반찬보다는 한마디 따뜻한 이야기를 나눌 말벗을 기다린다는 사실을 알게 되었습니다.

저는 저 자신을 의지가 굳고 경험이 많으며 봉사정신이 있는 사람이라고 소개하고 싶습니다.

2. 입사 후 포부

항공사의 가장 중요한 임무는 항공권을 얼마나 더 싸게 팔고 얼마나 고객을 많이 유치하는가 보다는, 진실한 마음으로 고객을 대하고 양질의 서비스를 제공하는 것입니다. 저는 우리나라 최초의 대형 민간 항공사인 대항항공이야말로 바로 고객에게 최고의 서비스를 제공할 수 있는 회사라고 판단하여 지원하게 되었습니다.

저는 언제나 모형항공기와 항공사는 비슷하다는 생각을 많이 하였습니다. 일반적으로 모형항공기라 하면 프로펠러를 돌리는 고무동력기나 손으로 날리는 글라이더라고 알고 있습니다. 하지만 글라이더는 손이 아니라 실을 동체에 걸어서 연같이 높이 날린 후 '실'을 살짝 풀어내서 글라이더가 시야에서 사라질 때까지 시간을 재는 경기입니다. 제가 모형항공기와 항공사가 비슷하다고 생각한 부분은 바로 '실'과 관련된 부분입니다. 비행기가 공항에서 이륙해서 착륙하는 그 순간까지 고객들에게 편의를 제공하는 것이 항공사의 업무입니다. 그 항공사와 고객들 사이를 이어주는 '실' 같은 존재가 바로 항공사 직원이라고 생각합니다.

저는 대한 항공에 입사하여 항공사와 고객을 이어주는 '실' 가운데에도 강하고 튼튼한 '강철실'의 역할을 하고 싶습니다.

■ 비서과

1. 지원동기

'주도적인 사람이 되자', 이것이 저의 생활신조입니다. 주도적인 사람은 자신이 행동한 것에 대한 책임감과 긍정적인 사고방식을 가지고 있습니다.

저는 모든 일에 적극적이어서 어렸을 때부터 여러 가지 활동을 했습니다. 초등학교 때는 합창부에서 활동을 했고, 중학교 때는 교회에서 반주를 맡았으며, 고등학교 때는 작곡 공부를 했으며, 대학에 와서는 과에서 체육부장으로 활동하였습니다. 제가 맡은 일을 하면서 느낀 것은 바로 한 가지 일을 구체화시키기 위해서는 세심한 부분까지 신경을 써야 한다는 점과 다른 사람들과의 협동을 통해 적절한 역할분담이 필요하다는 점이었습니다.

저는 일찍부터 전문여성으로 기업에서 일하고 싶었기에 대학교육과정을 통해 좀 더 효율적으로 사회에 적응하고자 인하공업전문대학 비서학과를 선택하게 되었습니다. 비서학개론, 시무영어, 회계학, 인간관계론, 문서관리, 컴퓨터 등의 전공과목을 통해 현대적인 사무환경에 능동적으로 대처해 나갈 수 있는 자질과 능력을 길러 왔습니다.

저는 비서가 지녀야 할 자질 가운데 중요한 두 가지 덕목은 '어울림'과 '노력'이라고 생각합니다. 모든 일을 수행함에 있어 최선의 결과를 위해 노력하는 자세로 임하는 것이 중요함을 잘 알고 있습니다. 또한 여러 사람들과의 조화는 사회생활에서 성숙한 모습으로 업무에 임하기 위한 기본입니다. 저는 사교성이 많아 다른 사람들과 쉽게 어울리는 장점을 지니고 있습니다.

2. 입사 후 포부

제가 ○○회사에 지원하게 된 동기는 학교에서 배운 올바른 비서의 자세를 가지고 더욱 발전적인 직장 생활을 하기 위해서입니다. 저는 많은 노력이 요구되는 비서직에 남다른 자부심을 느끼고 있습니다. ○○회사는 최근 다양한 사업 모색으로 많은 업무를 동시다발적으로 처리하여야 한다고 알고 있습니다. 이런 상황에 비서의 역할은 단순한 보조자가 아니라 업무전반을 꿰뚫은 지략가가 되어야 한다고 생각합니다.

만약 입사가 허락된다면 사장님을 성심껏 모실 것이며, 업무에 성실한 자세로 임할 것입니다. 앞으로 저는 스스로의 발전을 위해 시간과 노력을 아끼지 않을 것이며 조직원들과 조화를 이루며 능률적이고 생산적으로 업무를 수행해 가는 유능한 인재가 될 것을 약속드립니다.

■ 공예디자인과

1. 지원동기

저는 어렸을 때부터 남들보다 호기심이 많은 아이였습니다. 그래서 여러 가지를 탐구하고, 연구해 보며 새로운 것들을 알아내는 것을 좋아하였습니다. 이러한 제 성격으로 초등학교에 입학하여서부터 발명과 아이디어에 관련된 대회가 있으면 참가하여 언제나 최우수상을 수상하였습니다. 이런 새로운 발상은 디자인을 하는 데 큰 이점이 됩니다.

이렇듯 창의적인 아이디어로 가득 찬 머릿속을 좀 더 효과적으로 표현하는 것을 배우고자 인하공업전문대학 공예디자인과에 입학하였습니다. 이곳에서는 컴퓨터와 관련된 것들 이외에도 금속디자인과 세라믹, 가구디자인 등 여러 분야를 폭넓게 배우고 있습니다. 이것은 디자인과를 선택하여 남들보다 넓고 다양한 지식을 습득하여 '디지털 다임'에 입사해 좀 더 창의적이고 효율적으로 제 능력을 발휘할 수 있도록 하기 위함이었습니다. 또한 현대사회에서 추구하는 멀티플레이어로 되기에 적합한 교육과정이었기 때문입니다.

또한 저는 외국어에도 많은 관심이 있어서 초등학교 때부터 영어를 공부했습니다. 그래서 한국외국어평가원이 주최하는 PELT시험과 YBM에서 주최하는 토익 등의 여러 시험을 보면서 영어 실력을 키워 왔습니다. 그리고 고등학교 때부터 중국어를 배우기 시작하여서 HSK 8급 자격증을 보유하고 있습니다. 이런 저의 외국어 능력이 작년에 베이징에 설립한 디지털 다임의 지사에 좀 더 도움이 될 것이라고 생각합니다. 이러한 저의 능력의 빛을 발휘할 수 있는 곳은 디지털 다임뿐이라고 판단하였습니다.

2. 입사 후 포부

제가 입사 후에 이루고자 하는 첫 번째 포부는 저만의 디자인을 현재보다 더 발전시킬 수 있도록 하는 것입니다. 디자인을 한다는 것은 시각적인 면을 효율적으로 얼마나 잘 조화시켰는지의 여부입니다. 그래서 저는 디자인을 좀 더 잘 표현해 내기 위해서 지금 공부하고 있는 컬러

리스트 자격증을 취득할 것입니다.

제가 이루고자 하는 두 번째 포부는 10주년을 맞이한 '디지털 다임'의 더 큰 성장을 이루는 데 큰 도움을 주는 것입니다. 첫사랑은 영원히 가슴속에 남는 것처럼 디지털 다임에 입사하여 저의 정성이 가득 담긴 첫 작품이 디지털 다임과 함께 영원히 기억되기를 바라는 것입니다.

디자인은 발전이 무궁무진한 분야입니다. 앞으로 세계에서 컴퓨터와 디자인은 없어서는 안 될 중요한 요소가 될 것입니다. 그러므로 중국을 넘어서 전 세계에서 디지털 다임만의 디자인이 느껴지는 디자인의 중심지가 되도록 저의 능력과 노력이 디지털 다임을 빛낼 수 있도록 하고 싶습니다.

나무는 작은 씨앗부터 시작하여 점점 울창해지면서 자신의 자리를 만들어 갑니다. 이렇게 나무가 자라날 수 있는 것은 좋은 토양이 바탕이 되었기 때문입니다. 이미 10년이라는 큰 자리를 '디지털 다임'이 지켜낼 수 있었던 것은 좋은 바탕이 있었기 때문입니다. 이제 제가 나무를 보다 울창하고 크게 자랄 수 있도록 더 밝은 햇빛과 맑은 물이 될 수 있으면 좋겠습니다.

셋 째 마 당

토론하기

1 대학 생활과 토론

(1) 토론의 필요성

| 합리적 의사소통 능력 향상

서로 다른 견해와 의견, 다양한 가치관을 가진 사람들이 함께 살아가는 다원화된 사회에서 의견이 일치하지 않는 것은 당연하다. 이럴 때 이 갈등을 물리적으로 해결하는 것이 아니라 대화를 통해 합리적으로 해결하는 것이 민주사회의 기본이다. 합리적 의사소통의 방식으로 가장 유용한 것은 서로 대화를 나누는 것이다. 가정에서나 사회에서나 대화가 부족하면 구성원들 사이에 갈등이 생겨날 수밖에 없다. 이런 대화가 사적인 의사소통이라면, 토론은 바로 공적인 의사소통 방법이다. 즉, 토론은 문제를 해결하기 위해 서로 다른 의견을 좁혀나가는 과정이다.

| 문제해결 능력 향상

다양한 사회적 갈등 속에서 예리한 판단력을 바탕으로 갈등의 원인을 분석하고 문제해결 방법을 제시하여야 한다. 토론은 이렇듯 문제를 해결하기 위한 논의 과정이다. 자신의 진로를 고민하는 학생이 있다고 가정해 보자. 이 학생은 상급 학교로 진학하여 공부를 계속하여야 할지 취업을 해야 할지 고민하고 있다. 상급학교로 진학한다면 어느 학교를 선택하여야 할지, 취업을 한다면 어떤 회사를 선택하여야 할지 고민하고 있다. 이럴 경우 친구나 선배 혹은 부모님과 이야기를 하면서 자신의 문제를 해결할 수 있다. 물론 사적인 문제를 예로 들었지만 공적인 문제도 유사하다.

100층이 넘는 높은 빌딩을 건축하려고 하는데 이런 공사를 강행하는 것이 좋은지 강행하지 않는 것이 좋은지를 판단해야 하거나, 사형제도는 존재해야 하는지, 세금의 형태는 어떻게 하는 것이 가장 좋은지 등은 사회적인 논의가 필요하다. 토론이란 이처럼 문제를 해결하는 능력을 향상시킨다.

| 언어 능력의 향상

토론이란 언어의 네 가지 능력인 듣기, 말하기, 읽기, 쓰기 능력을 필요로 한다. 토론에서는 현재 우리 사회에서 논의되는 여러 가지 사안에 대하여 문제의식을 갖고 논제를 찾아내어야 한다. 그리고 자료를 조사하고 읽으며 자신의 생각을 정리하여 한 편의 글로 완성하여야 한다. 끝으로 자신의 생각을 발표하고 다른 생각을 가진 사람의 발표를 듣는 과정이 요구된다. 제대로 듣지 못하는 사람은 제대로 말할 수 없다. 이처럼 토론이란 총체적인 언어 능력을 요구하는 고도의 작업이다.

(2) 토론의 정의

| 토론(debate)이란?

토론이란 자신의 주장을 근거와 자료를 가지고 설득하는 말하기 방식이다. 주어진 형식에 따라 논제를 정해 두고 찬성과 반대 입장에서 자신의 주장을 증명함으로써 형식의 절차를 중시하는 의사소통의 형태이다. 토론은 논제에 대한 찬성과 반대 양쪽 모두의 견해를 검증하며 비교하는 과정이다. 이를 통해 주어진 논제에 대한 최상의 답을 구하며 청중을 설득하는 것을 목표로 한다.

토론이란?
• 하나의 논제에 관하여 집중한다.
• 찬성과 반대라는 대립을 인정한다.
• 주장을 증명하고 설득한다.
• 형식과 절차를 존중한다.

| 토론과 토의

	토론(debate)	토의(discussion)
방법	특정한 형식과 절차를 거침	특정한 형식 없음
전제	의견 대립 존재 인정	의견 대립 지양
절차	주장의 증명	협의와 논의
목적	청중 설득	해결방안 강구
결정	청중 판단	토의구성원이 판단

| 토론의 유형

1) 자유토론

자유토론은 일반적으로 볼 수 있는 토론의 유형으로 TV토론이나 패널토론, 난상토론 등이 있다. 자유토론은 형식이나 규칙이 엄격하지 않은 토론이다. 자유토론은 찬성과 반대의 입장을 엄격하게 구분하지 않으며, 논제가 의문형으로 제시되고 사회자의 역할이 강화되는 특징을 보인다.

2) 교육토론

교육토론은 아카데미 토론이라고도 하는데, 토론을 교육하기 위해 만든 토론 방식이다. 찬성과 반대의 입장이 분명하게 대립하며, 논제를 명제로 제시하며, 사회자가 없는 것이 원칙이다. 승패를 결정짓는 특징을 보인다.

3) 법정토론

법정토론은 법정에서 이루어지는 토론이다. 일반인이 접할 수 있는 것으로는 모의재판이나 배심원토론 등이 있다. 배심원토론은 어떤 갈등이나 문제가 발생했을 때 전문가들이 나와 문제를 해결하기 위해 토론을 하고 시민들로 구성된 배심원들이 전문가들의 토론 내용을 듣고 판단을 내리는 식으로 진행되기 때문에, 효율적으로 의견의 합일을 볼 수 있다.

2 토론의 준비

(1) 논제 선정

| 어떤 논제를 선정할까?

좋은 토론이 되기 위해서는 논제의 배경이 되는 쟁점이 시의성, 공공성, 대립성 등의 조건을 충족시켜야 한다.

쟁점의 시의성이란 토론이 현재 논란 중인 사안을 다루고 있어야 함을 말하며, 쟁점의 공공성이란 논란 중인 사안이 공공의 문제와 관련된 것이어야 함을 말하며, 쟁점의 대립성이란 논란 중인 사안에 대해 찬성 측과 반대 측이 핵심 질문에 대해 명백하게 대립 되어야 함을 의미한다.

| 논제의 유형

논제는 크게 사실 논제, 가치 논제, 정책 논제 등이 있다. 대학생들이 많이 택하는 부분은 가치 논제이다. 가치 논제는 현안을 둘러싼 평가적 주장을 담고 있는 형식으로서, 특정 가치를 수반하는 갈등 현안에 대해 그것을 승인할지 부정할지에 대한 주장이 필수적으로 제기되어 있다.

논제 선정 시 유의사항

논제를 정하기에 앞서 먼저 현재 상황을 살펴보아야 한다. 예를 들어 "사형제도"를 논제로 정했다고 하자. 현재 우리 사회는 10년이 넘게 사형이 실제로 집행되고 있지 않지만, 분명히 법적으로 사형제도를 실시하고 있는 상황이다. 이와 같은 상황을 고려하여 논제는 '사형제도를 폐지하여야 한다.'로 정해야 한다. 그런데 만약 이미 사형제도가 없는 나라에서 사형제도의 필요성을 주장하는 상황이라면 '사형제도는 존재해야 한다'와 같은 명제 형식으로 기술되어야 한다.

논점 분석

논점을 분석하기 위해서는 논제를 둘러싼 사회적 배경을 살펴보아야 한다. 예를 들어 "흉악범의 얼굴을 공개하여야 하는가?"에 관한 논의를 하고자 한다고 가정해 보자. 흉악범의 얼굴을 공개하는 나라도 있고 공개하지 않는 나라도 있다. 각각의 주장을 살펴보면, 공개하는 나라는 경각심을 높이고 범죄의 재발을 방지하기 위해서이며, 공개하지 않는 나라는 범죄인에게도 인권이 있고 범죄인의 가족도 보호의 대상이라고 생각하기 때문이다. 그렇다면 자신은 어떤 입장을 고수할 것인가에 따라 논점은 달라질 것이다.

(2) 자료 조사

| 자료 선택

1) 이 토론에서 쟁점이 되는 용어나 개념의 의미는 무엇인가?

2) 이 토론을 유발한 직접적인 원인은 무엇인가?

3) 이 토론에 참가하는 사람은 누구인가?

4) 이 토론에서 기존의 신념이나 정책은 무엇인가?

5) 이 토론에서 새롭게 제안된 신념이나 정책은 무엇인가?

| 자료 찾기

1) 인터넷으로 자료 검색

인터넷을 통한 검색 자료는 일차적인 자료로만 활용하여야 한다.

2) 문헌 자료 찾기

도서관을 이용하여 신문이나 책을 통해 자료를 수집하여야 한다.

3) 설문 조사 및 인터뷰

논제에 따라서는 설문조사나 인터뷰가 더 큰 신뢰성을 가질 수도 있다.

| 자료 정리하기

1) 통계자료 이용

통계자료는 어떤 현상이나 문제에 대한 집단적 현상의 특징을 숫자로 제시한 것이다. 숫자를 포함하여 문장, 도표, 그래프 등이 여기에 속한다. 경찰청 자료 같이 신뢰도가 있는 기관의 통계가 논거로 효과적이다.

2) 전문가의 견해

전문가의 관점을 빌려 자신의 주장이 정당하다는 것을 입증할 때 사용한다.

3) 사례

사례는 문제적인 상황을 단적으로 보여주는 대표성을 지녀야 하고, 인용한 자료의 출처와 날짜 등을 반드시 밝혀 신뢰할 만한 자료임을 입증할 수 있어야 한다.

연습문제 01

■ 〈100분 토론〉에 등장한 다음 토론의 정리된 내용을 읽고 '자료선택'을 위한 예비 준비를 해 보자.

'존엄사. 자기 권리인가, 생명경시인가'

오늘 대법원은 존엄사를 인정하는 최종 판결을 선고했습니다. 국회에는 이미 존엄사법이 제출되어 있습니다. 또 지난 5월 18일에는 서울대병원이 사실상 존엄사를 인정하는 조치를 발표했는데요. 그동안 '생명존중'이나 '품위 있게 죽을 권리'와 같이 가치차원에서 논의되던 존엄사 논란이 점점 구체화되고 있습니다.

생존가능성이 없는 환자를 고통 없이 죽음에 이르게 하는 행위를 일반적으로 안락사라고 합니다. 현재 논란이 되고 있는 존엄사는 환자 본인의 의사에 따라 회복 불가능한 상태에서 생명을 인위적으로 늘리는 이른바 연명치료를 중단하는 것을 말하는데요, 그래서 학계에서는 존엄사는 소극적 안락사와 같은 개념으로 보기도 합니다. 환자는 인간으로서의 존엄함을 유지하면서 죽음을 맞이할 권리가 있다고 천명한 이른바 '리스본 선언'이 1981년 당시 세계 의사총회에서 채택된 이후 해외에서는 이미 오래전부터 환자가 자신의 죽음을 선택할 권리를 두고 사회적 논란을 벌여왔지만, 우리나라에서 존엄사 논란이 수면 위로 떠오른 것은 극히 최근의 일입니다. 지난 2008년 11월 서울 서부지법은 의식불명의 70대 환자에게 회복 가능성이 없다며 자연스럽게 죽음을 맞이할 수 있도록 환자의 인공호흡기를 떼라고 선고했습니다. 국내 처음으로 존엄사를 인정하는 판결을 내린 겁니다. 재판부는 회복가능성이 없는데도 인공호흡기 등에 의존해 생명을 연장하는 것은 환자의 인간으로서의 존엄과 가치를 훼손할 수 있다고 판단했습니다. 그러나 재판부는 생명과 연관된 치료중단 결정은 오직 환자 본인만이 할 수 있도록 아주 제한적으로 존엄사를 인정했습니다.

-2009년 5월 21일자 〈100분 토론〉 중 발췌-

예비 준비를 하기 위해서

1) 이 토론에서 쟁점이 되는 용어나 개념의 의미는 무엇인가?

▶ 존엄사, 안락사

2) 이 토론을 유발한 직접적인 원인은 무엇인가?

▶ 대법원에서 존엄사를 인정하는 판결을 선고한 사실

3) 이 토론에 참가하기에 적절한 사람은 누구인가?

▶ 의사, 법조인, 환자 가족, 종교지도자 등

4) 이 토론에서 기존의 신념이나 정책은 무엇인가?

▶ 생명은 어떠한 상황에서도 존중되어야 한다.

5) 이 토론에서 새롭게 제안된 신념이나 정책은 무엇인가?

▶ 인간은 품위 있게 죽을 권리가 있다.

3 토론의 과정

(1) 입론과 반론

입론은 논제에 대해 자기 팀의 입장을 담은 논점을 펼치는 과정이다. '정해진 논제에 대해 자기의 생각을 말한다'는 의미에서 '발제'라고도 한다. 입론에서 펼친 논점을 토대로 해서 토론이 진행되기 때문에 자기 팀의 입장을 충분히 포괄해야 한다.

| 입론

1) 우선 논제를 둘러싼 배경을 말해야 한다.

이 논제가 토론을 해야 할 만큼 사회적으로 큰 문제가 되고 있기에 토론할 가치와 필요성이 있음을 강조한다.

2) 핵심 용어의 개념을 정의한다.

'체벌은 교육의 필요 수단이다.'라는 논제에서 체벌의 의미를 교육적인 목적으로 신체에 직접적인 고통을 가해 벌하는 것이라는 개념으로 정의했다면 토론을 진행하는 전 과정에서 이 범주 안에서 주장을 펼쳐야 한다.

3) 논점을 몇 개의 항목(2~3개)으로 정리하여 전개한다.

근거 자료는 주로 그렇게 주장하는 사실과 증거, 통계 자료로 구성된다.

4) 내용을 정리한다.

자신들이 내세우는 논거의 타당성과 현실성이 있음을 받아들이도록 유도한다.

반론

토론의 핵심은 반론에 있다. 토론은 서로 다른 입장을 전제로 대립된 의견을 논의하는 것이므로 반론은 토론에서 가장 핵심적인 단계이다. 반론은 상대방과는 다른 자신의 생각을 말하는 과정이다. 상대방 주장의 허점이나 부족한 점을 지적하고 왜 잘못되었고 어떤 점에서 오류인지를 밝히는 것이다.

반론의 방법
1) 상대방이 내세운 논제에서 벗어나지 않았는지 검토
2) 상대방의 근거가 타당한지 검토
3) 상대방의 주장이나 근거를 활용하여 반박

반론에서 주의할 점
1) 입론에서 제시하지 않은 논점을 들어 반론해서는 안 된다.
2) 효율적인 반론전략

(2) 토론 개요서 작성

토론 개요서는 토론이 어떻게 진행될 것인지 전체적인 흐름을 예측하고 이에 대한 전략을 세워 한눈에 파악하기 위해 정리한 일종의 시나리오이다.

<table>
<tr><td colspan="2">논제</td><td></td><td></td></tr>
<tr><td colspan="2">배경 상황</td><td></td><td></td></tr>
<tr><td colspan="2">입장</td><td></td><td></td></tr>
<tr><td colspan="2">공유점</td><td></td><td></td></tr>
<tr><td colspan="2"></td><td>찬 성 측</td><td>반 대 측</td></tr>
<tr><td rowspan="5">입론</td><td>전제</td><td></td><td></td></tr>
<tr><td>핵심 개념</td><td></td><td></td></tr>
<tr><td>논점</td><td></td><td></td></tr>
<tr><td>논거</td><td></td><td></td></tr>
<tr><td>효과</td><td></td><td></td></tr>
<tr><td rowspan="2">반론</td><td>예상 반론</td><td></td><td></td></tr>
<tr><td>대책</td><td></td><td></td></tr>
</table>

4 토론과 평가

(1) 토론 진행

| 토론 참여자의 역할과 자세

1) 규칙 준수

2) 정확한 언어 사용과 예의 바른 태도

3) 협동 정신과 리더십 발휘

4) 최종 결과에 승복

| 사회자의 역할과 태도

1) 토론이 원활하게 되도록 리더십 발휘

2) 양 팀의 논점을 충분히 이해

3) 토론자들이 규칙과 순서를 잘 지키도록 유도

4) 공정한 진행

5) 토론 시간 관리

토론 진행 방식

1) 아카데미 토론에는 CEDA식 토론, 칼 포퍼식 토론, 의회식 토론 등 이 있음

2) CEDA(Cross Examination Debate Association)식 토론의 변형

3) 한 그룹은 7명으로 한다. (사회자 1명, 찬성 3명, 반대 3명)

4) 조장이 사회자를 맡아 그룹 토론 상황에 대해 온라인상으로 교수와 연락한다.

5) 자리배치는 다음과 같이 사회자를 중심으로 U자로 앉는다.

6) 찬성 A – 반대 나, 찬성 B – 반대 다, 찬성 C – 반대 가, 세 쌍의 토론자가 입론과 반론을 주고받는다.

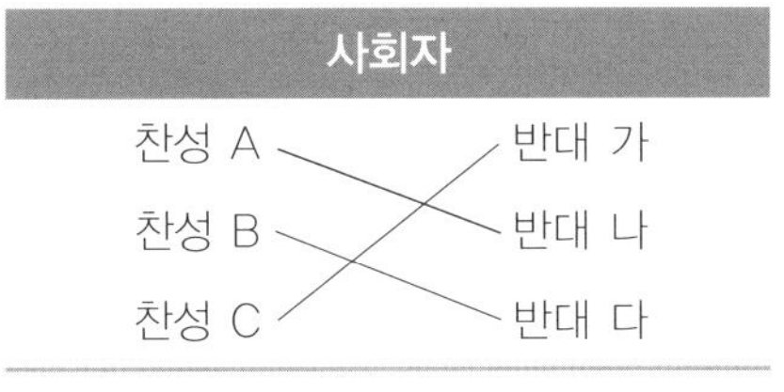

7) 토론 순서는 다음과 같다.

① 찬성 측 첫 번째 토론자 A 입론	2분
② 반대 측 (나)의 교차토론 (나 반론 1분, A의 응답 1분)	2분
③ 반대 측 첫 번째 토론자 가의 입론	2분
④ 찬성 측 (C)의 교차토론 (C 반론 1분, 가의 응답 1분)	2분
⑤ 찬성 측 두 번째 토론자 B 입론	2분
⑥ 반대 측 (다)의 교차토론 (다 반론 1분, B의 응답 1분)	2분
⑦ 반대 측 두 번째 토론자 나 입론	2분

⑧ 찬성 측 (A)의 교차토론 (A 반론 1분, 나의 응답)	2분
⑨ 찬성 측 세 번째 토론자 C 입론	2분
⑩ 반대 측 (가)의 교차토론 (가 반론 1분, C의 응답)	2분
⑪ 반대 측 세 번째 토론자 다의 입론	2분
⑫ 찬성 측 (B)의 교차토론 (B 반론 1분, 다의 응답)	2분
⑬ 보충, 질의	10분

(토론자는 손을 들어 사회자의 허락을 구한 후 발언권을 얻는다.
상대편 토론자를 지명하여 질문을 할 수 있다.
사회자는 한 토론자의 독점 기회를 막도록 균등하게 기회를 배분한다.)

| 토론 준비

1) 토론 일주일 전에 토론자는 사회자와 교차토론을 맡은 상대방에게 메일로 자신의 2분 분량의 입론을 보낸다.
2) 상대방의 입론을 받은 토론자는 1분 분량의 반론(=질문)을 써서 사회자에게만 보낸다.
3) 토론자는 자신의 입론과 교차토론 할 때 질의할 반론을 가지고 토론장에 와야 한다.
4) 질문에 대한 답변은 당일 즉석에서 이루어진다.
5) 조별로 녹음기를 준비한다.
6) 토론 순서를 숙지한다.

(2) 토론 평가

| 토론문 제출

1) 경과보고

- 토론문에는 1달 동안의 조 활동이 날짜별로 구체적으로 드러나야 한다.
- 특히 토론테마를 결정하기까지의 논의과정이 상세하게 드러나야 한다.

2) 토론내용

- 토론을 녹음한 내용을 들으며 각자의 말하기를 체크한다.
- 답변 부분과 자유토론 부분은 녹음한 것을 들으며 작성한다.

3) 토론 소감

- 토론자들의 활동 소감을 솔직히 적는다.

| 토론 평가

- 토론평가는 그룹별 점수 50%와 개인별 점수 50%를 합산한다.
- 그룹별로 A, B, C로 평가하고 개인별로 A, B, C로 평가하여 합산한다.
- 개인별 평가는 토론 당일 말하기 평가와 토론문 제출 이후 토론 내용문 평가를 분리하여 실시한다.

넷 째 마 당

한글 맞춤법과 문장 부호

[한글 맞춤법]

(문교부 고시 제88-1호)

1988년 1월 19일 문교부가 새로 개정 고시하여 1989년 3월 1일부터 시행하도록 한 우리 나라 현행 어문 규정이다.

제1장 총 칙

제1항 한글 맞춤법은 표준어를 소리대로 적되, 어법에 맞도록 함을 원칙으로 한다.

제2항 문장의 각 단어는 띄어 씀을 원칙으로 한다.

제3항 외래어는 '외래어 표기법'에 따라 적는다.

제2장 자 모

제4항 한글 자모의 수는 스물넉 자로 하고, 그 순서와 이름은 다음과 같이 정한다.

ㄱ(기역)	ㄴ(니은)	ㄷ(디귿)	ㄹ(리을)	ㅁ(미음)
ㅂ(비읍)	ㅅ(시옷)	ㅇ(이응)	ㅈ(지읒)	ㅊ(치읓)
ㅋ(키읔)	ㅌ(티읕)	ㅍ(피읖)	ㅎ(히읗)	
ㅏ(아)	ㅑ(야)	ㅓ(어)	ㅕ(여)	ㅗ(오)
ㅛ(요)	ㅜ(우)	ㅠ(유)	ㅡ(으)	ㅣ(이)

[붙임 1] 위의 자모로써 적을 수 없는 소리는 두 개 이상의 자모를 어울러서 적되, 그 순서와 이름은 다음과 같이 정한다.

ㄲ(쌍기역)	ㄸ(쌍디귿)	ㅃ(쌍비읍)	ㅆ(쌍시옷)
ㅉ(쌍지읒)	ㅐ(애)	ㅒ(얘)	ㅔ(에)
ㅖ(예)	ㅘ(와)	ㅙ(왜)	ㅚ(외)
ㅝ(워)	ㅞ(웨)	ㅟ(위)	ㅢ(의)

[붙임 2] 사전에 올릴 적의 자모 순서는 다음과 같이 정한다.

자음 ㄱ ㄲ ㄴ ㄷ ㄸ ㄹ ㅁ ㅂ ㅃ ㅅ ㅆ ㅇ ㅈ ㅉ
ㅊ ㅋ ㅌ ㅍ ㅎ

모음 ㅏ ㅐ ㅑ ㅒ ㅓ ㅔ ㅕ ㅖ ㅗ ㅘ ㅙ ㅚ ㅛ ㅜ
ㅝ ㅞ ㅟ ㅠ ㅡ ㅢ ㅣ

제3장 소리에 관한 것

제1절 된소리

제5항 한 단어 안에서 뚜렷한 까닭 없이 나는 된소리는 다음 음절의 첫소리를 된소리로 적는다.

1. 두 모음 사이에서 나는 된소리

소쩍새	어깨	오빠	으뜸	아끼다
기쁘다	깨끗하다	어떠하다	해쓱하다	가끔
거꾸로	부썩	어찌	이따금	

2. ‘ㄴ, ㄹ, ㅁ, ㅇ’ 받침 뒤에서 나는 된소리

산뜻하다 잔뜩 살짝 훨씬 담뿍
움찔 몽땅 엉뚱하다

다만, ‘ㄱ, ㅂ’ 받침 뒤에서 나는 된소리는, 같은 음절이나 비슷한 음절이 겹쳐 나는 경우가 아니면 된소리로 적지 아니한다.

국수 깍두기 딱지 색시 싹둑(~싹둑)
법석 갑자기 몹시

제2절 구개음화

제6항 ‘ㄷ, ㅌ’ 받침 뒤에 종속적 관계를 가진 ‘-이(-)’나 ‘-히-’가 올 적에는 그 ‘ㄷ, ㅌ’이 ‘ㅈ, ㅊ’으로 소리 나더라도 ‘ㄷ, ㅌ’으로 적는다. (ㄱ을 취하고, ㄴ을 버림.)

ㄱ	ㄴ	ㄱ	ㄴ
맏이	마지	핥이다	할치다
해돋이	해도지	걷히다	거치다
굳이	구지	닫히다	다치다
같이	가치	묻히다	무치다
끝이	끄치		

제3절 ‘ㄷ’ 소리 받침

제7항 ‘ㄷ’ 소리로 나는 받침 중에서 ‘ㄷ’으로 적을 근거가 없는 것은 ‘ㅅ’으로 적는다.

덧저고리 돗자리 엇셈 웃어른 핫옷 무릇
사뭇 얼핏 자칫하면 뭇[衆] 옛 첫 헛

제4절 모음

제8항 '계, 례, 몌, 폐, 혜'의 'ㅖ'는 'ㅔ'로 소리 나는 경우가 있더라도 'ㅖ'로 적는다. (ㄱ을 취하고, ㄴ을 버림.)

ㄱ	ㄴ	ㄱ	ㄴ
계수(桂樹)	게수	혜택(惠澤)	헤택
사례(謝禮)	사레	계집	게집
연몌(連袂)	연메	핑계	핑게
폐품(廢品)	페품	계시다	게시다

다만, 다음 말은 본음대로 적는다.

게송(偈頌) 게시판(揭示板) 휴게실(休憩室)

제9항 '의'나, 자음을 첫소리로 가지고 있는 음절의 'ㅢ'는 'ㅣ'로 소리 나는 경우가 있더라도 'ㅢ'로 적는다.(ㄱ을 취하고 ㄴ을 버림.)

ㄱ	ㄴ	ㄱ	ㄴ
의의(意義)	의이	늴큼	닝큼
본의(本義)	본이	띄어쓰기	띠어쓰기
무늬[紋]	무니	씌어	씨어
보늬	보니	틔어	티어
오늬	오니	희망(希望)	히망
하늬바람	하니바람	희다	히다
늴리리	닐리리	유희(遊戲)	유히

제5절 두음 법칙

제10항 한자음 '녀, 뇨, 뉴, 니'가 단어 첫머리에 올 적에는 두음 법칙에 따라 '여, 요, 유, 이'로 적는다. (ㄱ을 취하고 ㄴ을 버림.)

ㄱ	ㄴ	ㄱ	ㄴ
여자(女子)	녀자	유대(紐帶)	뉴대
연세(年歲)	년세	이토(泥土)	니토
요소(尿素)	뇨소	익명(匿名)	닉명

다만, 다음과 같은 의존 명사에서는 '냐, 녀' 음을 인정한다.

냥(兩)　　냥쭝(兩-)　　년(年)　　(몇 년)

[붙임 1] 단어의 첫머리 이외의 경우에는 본음대로 적는다.

남녀(男女) 당뇨(糖尿)　　결뉴(結紐)　　은닉(隱匿)

[붙임 2] 접두사처럼 쓰이는 한자가 붙어서 된 말이나 합성어에서, 뒷말의 첫소리가 'ㄴ' 소리로 나더라도 두음 법칙에 따라 적는다.

신여성(新女性)　　공염불(空念佛)　　남존여비(男尊女卑)

[붙임 3] 둘 이상의 단어로 이루어진 고유 명사를 붙여 쓰는 경우에도 [붙임 2]에 준하여 적는다.

한국여자대학　　대한요소비료회사

제11항 한자음 '랴, 려, 례, 료, 류, 리'가 단어의 첫머리에 올 적에는 두음법칙에 따라 '야, 여, 예, 요, 유, 이'로 적는다. (ㄱ을 취하고 ㄴ을 버림.)

ㄱ	ㄴ	ㄱ	ㄴ
양심(良心)	량심	용궁(龍宮)	룡궁
역사(歷史)	력사	유행(流行)	류행
예의(禮儀)	례의	이발(理髮)	리발

다만, 다음과 같은 의존 명사는 본음대로 적는다.

리(里) : 몇 리냐?

리(理) : 그럴 리가 없다.

[붙임 1] 단어의 첫머리 이외의 경우에는 본음대로 적는다.

개량(改良) 선량(善良) 수력(水力) 협력(協力)

사례(謝禮) 혼례(婚禮) 와룡(臥龍) 쌍룡(雙龍)

하류(下流) 급류(急流) 도리(道理) 진리(眞理)

다만, 모음이나 'ㄴ' 받침 뒤에 이어지는 '렬', '률'은 '열', '율'로 적는다. (ㄱ을 취하고 ㄴ을 버림.)

ㄱ	ㄴ	ㄱ	ㄴ
나열(羅列)	나렬	분열(分裂)	분렬
치열(齒列)	치렬	선열(先烈)	선렬
비열(卑劣)	비렬	진열(陳列)	진렬
규율(規律)	규률	선율(旋律)	선률
비율(比率)	비률	전율(戰慄)	전률
실패율(失敗率)	실패률	백분율(百分率)	백분률

[붙임 2] 외자로 된 이름을 성에 붙여 쓸 경우에도 본음대로 적을 수 있다.

신립(申砬)　　최린(崔麟)　　채륜(蔡倫)　　하륜(河崙)

[붙임 3] 준말에서 본음으로 소리 나는 것은 본음대로 적는다.

국련(국제연합)　　대한교련(대한교육연합회)

[붙임 4] 접두사처럼 쓰이는 한자가 붙어서 된 말이나 합성어에서 뒷말의 첫소리가 'ㄴ' 또는 'ㄹ' 소리가 나더라도 두음 법칙에 따라 적는다.

역이용(逆利用)　연이율(年利率)　열역학(熱力學)　해외여행(海外旅行)

[붙임 5] 둘 이상의 단어로 이루어진 고유 명사를 붙여 쓰는 경우나 십진법에 따라 쓰는 수(數)도 [붙임 4]에 준하여 적는다.

서울여관　　신흥이발관　　육천육백육십육(六千六百六十六)

제12항 한자음 '라, 래, 로, 뢰, 루, 르'가 단어의 첫머리에 올 적에는 두음 법칙에 따라 '나, 내, 노, 뇌, 누, 느'로 적는다. (ㄱ을 취하고 ㄴ을 버림.)

ㄱ	ㄴ	ㄱ	ㄴ
낙원(樂園)	락원	뇌성(雷聲)	뢰성
내일(來日)	래일	누각(樓閣)	루각
노인(老人)	로인	능묘(陵墓)	릉묘

[붙임 1] 단어의 첫머리 이외의 경우는 본음대로 적는다.

쾌락(快樂) 극락(極樂) 거래(去來) 왕래(往來)
부로(父老) 연로(年老) 지뢰(地雷) 낙뢰(落雷)
고루(高樓) 광한루(廣寒樓) 동구릉(東九陵) 가정란(家庭欄)

[붙임 2] 접두사처럼 쓰이는 한자가 붙어서 된 단어는 뒷말을 두음 법칙에 따라 적는다.

내내월(來來月) 상노인(上老人) 중노동(重勞動) 비논리적(非論理的)

제6절 겹쳐 나는 소리

제13항 한 단어 안에서 같은 음절이나 비슷한 음절이 겹쳐 나는 부분은 같은 글자로 적는다. (ㄱ을 취하고 ㄴ을 버림.)

ㄱ	ㄴ	ㄱ	ㄴ
딱딱	딱닥	꼿꼿하다	꼿곳하다
쌕쌕	쌕색	놀놀하다	놀롤하다
씩씩	씩식	눅눅하다	눙눅하다
똑딱똑딱	똑닥똑닥	밋밋하다	민밋하다
쓱싹쓱싹	쓱삭쓱삭	싹싹하다	싹삭하다
연연불망(戀戀不忘)	연련불망	쌉쌀하다	쌉살하다
유유상종(類類相從)	유류상종	씁쓸하다	씁슬하다
누누이(屢屢-)	누루이	짭짤하다	짭잘하다

제4장 형태에 관한 것

제1절 체언과 조사

제14항 체언은 조사와 구별하여 적는다.

떡이	떡을	떡에	떡도	떡만
손이	손을	손에	손도	손만
팔이	팔을	팔에	팔도	팔만
밤이	밤을	밤에	밤도	밤만
집이	집을	집에	집도	집만
옷이	옷을	옷에	옷도	옷만
콩이	콩을	콩에	콩도	콩만
낮이	낮을	낮에	낮도	낮만
꽃이	꽃을	꽃에	꽃도	꽃만
밭이	밭을	밭에	밭도	밭만
앞이	앞을	앞에	앞도	앞만
밖이	밖을	밖에	밖도	밖만
넋이	넋을	넋에	넋도	넋만
흙이	흙을	흙에	흙도	흙만
삶이	삶을	삶에	삶도	삶만
여덟이	여덟을	여덟에	여덟도	여덟만
곬이	곬을	곬에	곬도	곬만
값이	값을	값에	값도	값만

제2절 어간과 어미

제15항 용언의 어간과 어미는 구별하여 적는다.

먹다	먹고	먹어	먹으니
신다	신고	신어	신으니
믿다	믿고	믿어	믿으니
울다	울고	울어	(우니)
넘다	넘고	넘어	넘으니
입다	입고	입어	입으니
웃다	웃고	웃어	웃으니
찾다	찾고	찾아	찾으니
좇다	좇고	좇아	좇으니
같다	같고	같아	같으니
높다	높고	높아	높으니
좋다	좋고	좋아	좋으니
깎다	깎고	깎아	깎으니
앉다	앉고	앉아	앉으니
많다	많고	많아	많으니
늙다	늙고	늙어	늙으니
젊다	젊고	젊어	젊으니
넓다	넓고	넓어	넓으니
훑다	훑고	훑어	훑으니
읊다	읊고	읊어	읊으니
옳다	옳고	옳아	옳으니
없다	없고	없어	없으니
있다	있고	있어	있으니

[붙임 1] 두 개의 용언이 어울려 한 개의 용언이 될 적에, 앞말의 본뜻이 유지되고 있는 것은 그 원형을 밝히어 적고, 그 본뜻에서 멀어진 것은 밝히어 적지 아니한다.

(1) **앞말의 본뜻이 유지되고 있는 것**

넘어지다 늘어나다 늘어지다 돌아가다 되짚어가다
들어가다 떨어지다 벌어지다 엎어지다 접어들다
틀어지다 흩어지다

(2) **본뜻에서 멀어진 것**

드러나다 사라지다 쓰러지다

[붙임 2] 종결형에서 사용되는 어미 '-오'는 '요'로 소리 나는 경우가 있더라도 그 원형을 밝혀 '오'로 적는다. (ㄱ을 취하고 ㄴ을 버림.)

ㄱ	ㄴ
이것은 책이오. 이리로 오시오. 이것은 책이 아니오.	이것은 책이요. 이리로 오시요. 이것은 책이 아니요.

[붙임 3] 연결형에서 사용되는 '이요'는 '이요'로 적는다. (ㄱ을 취하고 ㄴ을 버림.)

ㄱ	ㄴ
이것은 책이요, 저것은 붓이요, 또 저것은 먹이다.	이것은 책이오, 저것은 붓이오, 또 저것은 먹이다.

제16항 어간의 끝음절 모음이 'ㅏ, ㅗ'일 때에는 어미를 '-아'로 적고, 그 밖의 모음일 때에는 '-어'로 적는다.

1. '-아'로 적는 경우

나아	나아도	나아서
막아	막아도	막아서
얇아	얇아도	얇아서
돌아	돌아도	돌아서
보아	보아도	보아서

2. '-어'로 적는 경우

개어	개어도	개어서
겪어	겪어도	겪어서
되어	되어도	되어서
베어	베어도	베어서
쉬어	쉬어도	쉬어서
저어	저어도	저어서
주어	주어도	주어서
피어	피어도	피어서
희어	희어도	희어서

제17항 어미 뒤에 덧붙는 조사 '-요'는 '-요'로 적는다.

읽어	읽어요
참으리	참으리요
좋지	좋지요

제18항 다음과 같은 용언들은 어미가 바뀔 경우, 그 어간이나 어미가 원칙에 벗어나면 벗어나는 대로 적는다.

1. 어간의 끝 'ㄹ'이 줄어질 적

갈다	가니	간	갑니다	가시다	가오
놀다	노니	논	놉니다	노시다	노오
불다	부니	분	붑니다	부시다	부오
둥글다	둥그니	둥근	둥급니다	둥그시다	둥그오
어질다	어지니	어진	어집니다	어지시다	어지오

[붙임] 다음과 같은 말에서도 'ㄹ'이 준 대로 적는다.

마지못하다	마지않다
(하)다마다	(하)자마자
(하)지마라	(하)지 마(아)

2. 어간의 끝 'ㅅ'이 줄어질 적

긋다	그어	그으니	그었다
낫다	나아	나으니	나았다
잇다	이어	이으니	이었다
짓다	지어	지으니	지었다.

3. 어간의 끝 'ㅎ'이 줄어질 적

그렇다	그러니	그럴	그러면	그럽니다	그러오
까맣다	까맣다	까말	까마면	까맙니다	까마오

동그랗다	동그라니	동그랄	동그라면	동그랍니다	동그라오
퍼렇다	퍼러니	퍼럴	퍼러면	퍼럽니다	퍼러오
하얗다	하야니	하얄	하야면	하얍니다	하야오

4. 어간의 끝 'ㅜ, ㅡ'가 줄어질 적

푸다	퍼	펐다
끄다	꺼	껐다
담그다	담가	담갔다
따르다	따라	따랐다
뜨다	떠	떴다
크다	커	컸다
고프다	고파	고팠다
바쁘다	바빠	바빴다

5. 어간의 끝 'ㄷ'이 'ㄹ'로 바뀔 적

걷다[步]	걸어	걸으니	걸었다
듣다[聽]	들어	들으니	들었다
묻다[問]	물어	물으니	물었다
싣다[載]	실어	실으니	실었다

6. 어간의 끝 'ㅂ'이 'ㅜ'로 바뀔 적

깁다	기워	기우니	기웠다
굽다[炙]	구워	구우니	구웠다
괴롭다	괴로워	괴로우니	괴로웠다

맵다	매워	매우니	매웠다
무겁다	무거워	무거우니	무거웠다
밉다	미워	미우니	미웠다
쉽다	쉬워	쉬우니	쉬웠다

다만, '돕-, 곱-'과 같은 단음절 어간에 어미 '아-'가 결합되어 '와'로 소리 나는 것은 '-와'로 적는다.

돕다[助]	도와	도와서	도와도	도왔다
곱다[麗]	고와	고와서	고와도	고왔다

7. '하다'의 활용에서 어미 '-아'가 '-여'로 바뀔 적

하다	하여	하여서	하여도	하여라	하였다

8. 어간의 끝 음절 '르' 뒤에 오는 어미 '-어'가 '-러'로 바뀔 적

이르다[至]	이르러	이르렀다
노르다	노르러	노르렀다
누르다	누르러	누르렀다
푸르다	푸르러	푸르렀다

9. 어간의 끝 음절 '르'의 'ㅡ'가 줄고, 그 뒤에 오는 어미 '-아/-어'가 '-라/-러'로 바뀔 적

가르다	갈라	갈랐다
거르다	걸러	걸렀다
구르다	굴러	굴렀다

벼르다	별러	별렀다
부르다	불러	불렀다
오르다	올라	올랐다
이르다	일러	일렀다
지르다	질러	질렀다

제3절 접미사가 붙어서 된 말

제19항 어간에 '-이'나 '-음/-ㅁ'이 붙어서 명사로 된 것과 '-이'나 '-히'가 붙어서 부사로 된 것은 그 어간의 원형을 밝히어 적는다.

1. '-이'가 붙어서 명사로 된 것

길이 깊이 높이 다듬이 땀받이 달맞이
먹이 미닫이 벌이 벼훑이 살림살이 쇠붙이

2. '-음/-ㅁ'이 붙어서 명사로 된 것

걸음 묶음 믿음 얼음 엮음 울음
웃음 졸음 죽음 앎 만듦

3. '-이'가 붙어서 부사로 된 것

같이 굳이 길이 높이 많이 실없이 좋이 짓궂이

4. '-히'가 붙어서 부사로 된 것

밝히 익히 작히

다만, 어간에 '-이'나 '-음'이 붙어서 명사로 바뀐 것이라도 그 어간의 뜻과 멀어진 것은 그 원형을 밝히어 적지 아니한다.

곱도리　　다리[髢]　　목거리(목병)　　무녀리
코끼리　　거름[비료]　고름[膿]　　노름(도박)

[붙임] 어간에 '-이'나 '음' 이외의 모음으로 시작된 접미사가 붙어서 다른 품사로 바뀐 것은 그 어간의 원형을 밝히어 적지 아니한다.

(1) **명사로 바뀐 것**

귀머거리　까마귀　너머　뜨더귀　마감　마개
마중　무덤　비렁뱅이　쓰레기　올가미　주검

(2) **부사로 바뀐 것**

거뭇거뭇　너무　도로　뜨덤뜨덤　바투
불긋불긋　비로소　오긋오긋　자주　차마

(3) **조사로 바뀌어 뜻이 달라진 것**

나마　부터　조차

제20항 명사 뒤에 '-이'가 붙어서 된 말은 그 명사의 원형을 밝히어 적는다.

1. 부사로 된 것

곳곳이　낱낱이　몫몫이　샅샅이　앞앞이　집집이

2. 명사로 된 것

곰배팔이　바둑이　삼발이　애꾸눈이　육손이
절뚝발이/절름발이

[붙임] '-이' 이외의 모음으로 시작된 접미사가 붙어서 된 말은 그 명사의 원형을 밝히어 적지 아니한다.

꼬락서니 끄트머리 모가치 바가지 바깥 사타구니
싸라기 이파리 지붕 지푸라기 짜개

제21항 명사나 혹은 용언의 어간 뒤에 자음으로 시작된 접미사가 붙어서 된 말은 그 명사나 어간의 원형을 밝히어 적는다.

1. 명사 뒤에 자음으로 시작된 접미사가 붙어서 된 것

값지다 홑지다 넋두리 빛깔 옆댕이 잎사귀

2. 어간 뒤에 자음으로 시작된 접미사가 붙어서 된 것

낚시 늙정이 덮개 뜯게질
갉작갉작하다 갉작거리다 뜯적거리다 뜯적뜯적하다
굵다랗다 굵직하다 깊숙하다 넓적하다
높다랗다 늙수그레하다 얽죽얽죽하다

다만, 다음과 같은 말은 소리대로 적는다.

(1) **겹받침의 끝소리가 드러나지 아니하는 것**

할짝거리다 널따랗다 널찍하다 말끔하다 말쑥하다
말짱하다 실쭉하다 실큼하다 얄따랗다 얄팍하다
짤따랗다 짤막하다 실컷

(2) **어원이 분명하지 아니하거나 본뜻에서 멀어진 것**

넙치　　올무　　골막하다　　납작하다

제22항 용언의 어간에 다음과 같은 접미사들이 붙어서 이루어진 말들은 그 어간을 밝히어 적는다.

1. '-기-, -리-, -이-, -히-, -구-, -우-, -추-, -으키-, -이키-, -애-'가 붙는 것

맡기다　옮기다　웃기다　쫓기다　뚫리다　울리다
낚이다　쌓이다　핥이다　굳히다　굽히다　넓히다
앉히다　얽히다　잡히다　돋구다　솟구다　돋우다
갖추다　곧추다　맞추다　일으키다　돌이키다　없애다

다만, '-이-, -히-, -우-'가 붙어서 된 말이라도 본뜻에서 멀어진 것은 소리대로 적는다.

도리다(칼로 ~)　　드리다(용돈을 ~)　　고치다
바치다(세금을 ~)　　부치다(편지를 ~)　　거두다
미루다　　이루다

2. '-치-, -뜨리-, -트리-'가 붙는 것

놓치다　덮치다　떠받치다　받치다　밭치다
부딪치다　뻗치다　엎치다　부딪뜨리다/부딪트리다
쏟뜨리다/쏟트리다　　젖뜨리다/젖트리다
찢뜨리다/찢트리다　　흩뜨리다/흩트리다

[붙임] '-업-, -읍-, -브-'가 붙어서 된 말은 소리대로 적는다.

미덥다　　　우습다　　　미쁘다

제23항 '-하다'나 '-거리다'가 붙는 어근에 '-이'가 붙어서 명사가 된 것은 그 원형을 밝히어 적는다. (ㄱ을 취하고 ㄴ을 버림.)

ㄱ	ㄴ	ㄱ	ㄴ
깔쭉이	깔쭈기	살살이	살사리
꿀꿀이	꿀꾸리	쌕쌕이	쌕쌔기
눈깜짝이	눈깜짜기	오뚝이	오뚜기
더펄이	더퍼리	코납작이	코납자기
배불뚝이	배불뚜기	푸석이	푸서기
삐죽이	삐주기	홀쭉이	홀쭈기

[붙임] '-하다'나 '-거리다'가 붙을 수 없는 어근에 '-이'나 또는 다른 모음으로 시작되는 접미사가 붙어서 명사가 된 것은 그 원형을 밝히어 적지 아니한다.

개구리　귀뚜라미　기러기　깍두기　꽹과리　날라리
누더기　동그라미　두드러기　딱따구리　매미　부스러기
뻐꾸기　얼루기　칼싹두기

제24항 '-거리다'가 붙을 수 있는 시늉말 어근에 '-이다'가 붙어서 된 용언은 그 어근을 밝히어 적는다. (ㄱ을 취하고 ㄴ을 버림.)

ㄱ	ㄴ	ㄱ	ㄴ
깜짝이다	깜짜기다	속삭이다	속사기다
꾸벅이다	꾸버기다	숙덕이다	숙더기다
끄덕이다	끄더기다	울먹이다	울머기다
뒤척이다	뒤처기다	움직이다	움지기다
들먹이다	들머기다	지껄이다	지꺼리다
망설이다	망서리다	퍼덕이다	퍼더기다
번득이다	번드기다	허덕이다	허더기다
번쩍이다	번쩌기다	헐떡이다	헐떠기다

제25항 '-하다'가 붙는 어근에 '-히'나 '-이'가 붙어서 부사가 되거나, 부사에 '-이'가 붙어서 뜻을 더하는 경우에는 그 어근이나 부사의 원형을 밝히어 적는다.

1. '-하다'가 붙는 어근에 '-히'나 '-이'가 붙는 경우

급히 꾸준히 도저히 딱히 어렴풋이 깨끗이

[붙임] '-하다' 가 붙지 않는 경우에는 소리대로 적는다.

갑자기 반드시(꼭) 슬며시

2. 부사에 '-이'가 붙어서 역시 부사가 되는 경우

곰곰이 더욱이 생긋이 오뚝이 일찍이 해죽이

제26항 '-하다'나 '-없다'가 붙어서 된 용언은 그 '-하다'나 '-없다'를 밝히어 적는다.

1. '-하다'가 붙어서 용언이 된 것

딱하다　　숱하다　　착하다　　텁텁하다　　푹하다

2. '-없다'가 붙어서 용언이 된 것

부질없다　　상없다　　시름없다　　열없다　　하염없다

제4절 합성어 및 접두사가 붙은 말

제27항 둘 이상의 단어가 어울리거나 접두사가 붙어서 이루어진 말은 각각 그 원형을 밝히어 적는다.

국말이　　꺾꽂이　　꽃잎　　끝장　　물난리
밑천　　부엌일　　싫증　　옷안　　웃옷
젖몸살　　첫아들　　칼날　　팥알　　헛웃음
홀아비　　홑몸　　흙내
값없다　　겉늙다　　굶주리다　　낮잡다　　맞먹다
받내다　　벋놓다　　빗나가다　　빛나다　　새파랗다
샛노랗다　　시꺼멓다　　싯누렇다　　엇나가다　　엎누르다
엿듣다　　옻오르다　　짓이기다　　헛되다

[붙임 1] 어원은 분명하나 소리만 특이하게 변한 것은 변한 대로 적는다.

할아버지　　할아범

[붙임 2] 어원이 분명하지 아니한 것은 원형을 밝히어 적지 아니한다.

골병　　골탕　　끌탕　　며칠　　아재비　　오라비

업신여기다　　　　부리나케

[붙임 3] '이[齒, 蝨]'가 합성어나 이에 준하는 말에서 '니' 또는 '리'로 소리 날 때에는 '니'로 적는다.

간니	덧니	사랑니	송곳니	앞니	어금니
윗니	젓니	톱니	틀니	가랑니	머릿니

제28항 끝소리가 'ㄹ'인 말과 딴 말이 어울릴 적에 'ㄹ' 소리가 나지 아니하는 것은 아니 나는 대로 적는다.

다달이(달-달-이)	따님(딸-님)	마되(말-되)
마소(말-소)	무자위(물-자위)	바느질(바늘-질)
부나비(불-나비)	부삽(불-삽)	부손(불-손)
소나무(솔-나무)	싸전(쌀-전)	여닫이(열-닫이)
우짖다(울-짖다)	화살(활-살)	

제29항 끝소리가 'ㄹ'인 말과 딴 말이 어울릴 적에 'ㄹ' 소리가 'ㄷ' 소리로 나는 것은 'ㄷ'으로 적는다.

반짇고리(바느질~)	사흗날(사흘~)	삼짇날(삼질~)
섣달(설~)	숟가락(술~)	이튿날(이틀~)
잗주름(잘~)	푿소(풀~)	섣부르다(설~)
잗다듬다(잘~)	잗다랗다(잘~)	

제30항 사이시옷은 다음과 같은 경우에 받치어 적는다.

1. 순 우리말로 된 합성어로서 앞말이 모음으로 끝난 경우

(1) **뒷말의 첫소리가 된소리로 나는 것**

고랫재 귓밥 나룻배 나뭇가지 냇가 댓가지
뒷갈망 맷돌 머릿기름 모깃불 못자리 바닷가
뱃길 볏가리 부싯돌 선짓국 쇳조각 아랫집
우렁잇속 잇자국 잿더미 조갯살 찻집 쳇바퀴
킷값 핏대 햇볕 혓바늘

(2) **뒷말의 첫소리 'ㄴ, ㅁ' 앞에서 'ㄴ' 소리가 덧나는 것**

멧나물 아랫니 텃마당 아랫마을 뒷머리
잇몸 깻묵 냇물 빗물

(3) **뒷말의 첫소리 모음 앞에서 'ㄴㄴ' 소리가 덧나는 것**

도리깻열 뒷윷 두렛일 뒷일 뒷입맛
베갯잇 욧잇 깻잎 나뭇잎 댓잎

2. 순 우리말과 한자어로 된 합성어로서 앞말이 모음으로 끝난 경우

(1) **뒷말의 첫소리가 된소리로 나는 것**

귓병 머릿방 뱃병 봇둑 사잣밥
샛강 아랫방 자릿세 전셋집 찻잔
찻종 촛국 콧병 탯줄 텃세
핏기 햇수 횟가루 횟배

(2) **뒷말의 첫소리 'ㄴ, ㅁ' 앞에서 'ㄴ' 소리가 덧나는 것**

곗날 제삿날 훗날 툇마루 양칫물

(3) **뒷말의 첫소리 모음 앞에서 'ㄴㄴ' 소리가 덧나는 것**

가욋일 사삿일 예삿일 훗일

3. 두 음절로 된 다음 한자어

곳간(庫間) 셋방(貰房) 숫자(數字) 찻간(車間)
툇간(退間) 횟수(回數)

제31항 두 말이 어울릴 적에 'ㅂ' 소리나 'ㅎ' 소리가 덧나는 것은 소리대로 적는다.

1. 'ㅂ' 소리가 덧나는 것

댑싸리(대ㅂ싸리) 멥쌀(메ㅂ쌀) 볍씨(벼ㅂ씨)
입때(이ㅂ때) 입쌀(이ㅂ쌀) 접때(저ㅂ때)
좁쌀(조ㅂ쌀) 햅쌀(해ㅂ쌀)

2. 'ㅎ' 소리가 덧나는 것

머리카락(머리ㅎ가락) 살코기(살ㅎ고기) 수캐(수ㅎ개)
수컷(수ㅎ것) 수탉(수ㅎ닭) 안팎(안ㅎ밖)
암캐(암ㅎ개) 암컷(암ㅎ것) 암탉(암ㅎ닭)

제5절 준말

제32항 단어의 끝 모음이 줄어지고 자음만 남은 것은 그 앞의 음절에 받침으로 적는다.

(본말)	(준말)
기러기야	기럭아
어제그저께	엊그저께
어제저녁	엊저녁
온가지	온갖
가지고, 가지지	갖고, 갖지
디디고, 디디지	딛고, 딛지

제33항 체언과 조사가 어울려 줄어지는 경우에는 준 대로 적는다.

(본말)	(준말)
그것은	그건
그것이	그게
그것으로	그걸로
나는	난
나를	날
너는	넌
너를	널
무엇을	무얼/뭘
무엇이	뭣이/무에

제34항 모음 'ㅏ, ㅓ'로 끝난 어간에 '-아/-어, -았-/-었-'이 어울릴 적에는 준 대로 적는다.

(본말)	(준말)	(본말)	(준말)
가아	가	가았다	갔다
나아	나	나았다	났다
타아	타	타았다	탔다
서어	서	서었다	섰다
켜어	켜	켜었다	켰다
펴어	펴	펴었다	폈다

[붙임 1] 'ㅐ, ㅔ' 뒤에 '-어, -었-'이 어울려 줄 적에는 준 대로 적는다.

(본말)	(준말)	(본말)	(준말)
개어	개	개었다	갰다
내어	내	내었다	냈다
베어	베	베었다	벴다
세어	세	세었다	셌다

[붙임 2] '하여'가 한 음절로 줄어서 '해'로 될 적에는 준 대로 적는다.

(본말)	(준말)	(본말)	(준말)
하여	해	하였다	했다
더하여	더해	더하였다	더했다
흔하여	흔해	흔하였다	흔했다

제35항 모음 'ㅗ, ㅜ'로 끝난 어간에 '-아/-어, -았-/-었-'이 어울려 'ㅘ/ㅝ, ㅘㅆ/ㅝㅆ'으로 될 때에는 준 대로 적는다.

(본말)	(준말)	(본말)	(준말)
꼬아	꽈	꼬았다	꽜다
보아	봐	보았다	봤다
쏘아	쏴	쏘았다	쐈다
두어	둬	두었다	뒀다
쑤어	쒀	쑤었다	쒔다
주어	줘	주었다	줬다

[붙임 1] '놓아'가 '놔'로 줄 적에는 준 대로 적는다.

[붙임 2] 'ㅚ' 뒤에 '-어, -었-'이 어울려 'ㅙ, ㅙㅆ'으로 될 적에도 준 대로 적는다.

(본말)	(준말)	(본말)	(준말)
괴어	괘	괴었다	괬다
되어	돼	되었다	됐다
뵈어	봬	뵈었다	뵀다
쇠어	쇄	쇠었다	쇘다
쐬어	쐐	쐬었다	쐤다

제36항 'ㅣ' 뒤에 '-어'가 와서 'ㅕ'로 줄 적에는 준 대로 적는다.

(본말)	(준말)	(본말)	(준말)
가지어	가져	가지었다	가졌다
견디어	견뎌	견디었다	견뎠다
다니어	다녀	다니었다	다녔다
막히어	막혀	막히었다	막혔다
버티어	버텨	버티었다	버텼다
치이어	치여	치이었다	치였다

제37항 'ㅏ, ㅕ, ㅗ, ㅜ, ㅡ'로 끝난 어간에 '-이-'가 와서 각각 'ㅐ, ㅖ, ㅚ, ㅟ, ㅢ'로 줄 적에는 준 대로 적는다.

(본말)	(준말)	(본말)	(준말)
싸이다	쌔다	누이다	뉘다
펴이다	폐다	뜨이다	띄다
보이다	뵈다	쓰이다	씌다

제38항 'ㅏ, ㅗ, ㅜ, ㅡ' 뒤에 '-이어'가 어울려 줄어질 적에는 준 대로 적는다.

(본말)	(준말)	(본말)	(준말)
싸이어	쌔어, 싸여	뜨이어	띄어
보이어	뵈어, 보여	쓰이어	씌어, 쓰여
쏘이어	쐬어, 쏘여	트이어	틔어, 트여
누이어	뉘어, 누여		

제39항 어미 '-지' 뒤에 '않-'이 어울려 '-잖-'이 될 적과 '-하지' 뒤에 '않-'이 어울려 '찮-'이 될 적에는 준 대로 적는다.

(본말)	(준말)	(본말)	(준말)
그렇지 않은	그렇잖은	만만하지 않다	만만찮다
적지 않은	적잖은	변변하지 않다	변변찮다

제40항 어간의 끝 음절 '하'의 'ㅏ'가 줄고 'ㅎ'이 다음 음절의 첫소리와 어울려 거센소리로 될 적에는 거센소리로 적는다.

(본말)	(준말)	(본말)	(준말)
간편하게	간편케	다정하다	다정타
연구하도록	연구토록	정결하다	정결타
가하다	가타	흔하다	흔타

[붙임 1] 'ㅎ'이 어간의 끝소리로 굳어진 것은 받침으로 적는다.

않다	않고	않지	않든지
그렇다	그렇고	그렇지	그렇든지
아무렇다	아무렇고	아무렇지	아무렇든지
어떻다	어떻고	어떻지	어떻든지
이렇다	이렇고	이렇지	어렇든지
저렇다	저렇고	저렇지	저렇든지

[붙임 2] 어간의 끝 음절 '하'가 아주 줄 적에는 준 대로 적는다.

(본말)	(준말)	(본말)	(준말)
거북하지	거북지	넉넉하지 않다	넉넉지 않다
생각하건대	생각건대	못하지 않다	못지않다
생각하다 못해	생각다 못해	섭섭하지 않다	섭섭지 않다
깨끗하지 않다	깨끗지 않다	익숙하지 않다	익숙지 않다

[붙임 3] 다음과 같은 부사는 소리대로 적는다.

결단코 결코 기필코 무심코 하여튼 요컨대
정녕코 필연코 하마터면 하여튼 한사코

제5장 띄어쓰기

제1절 조사

제41항 조사는 그 앞말에 붙여 쓴다.

꽃이 꽃마저 꽃밖에 꽃에서부터 꽃으로만
꽃이나마 꽃이다 꽃입니다 꽃처럼 어디까지나
거기도 멀리는 웃고만

제2절 의존 명사, 단위를 나타내는 명사 및 열거하는 말 등

제42항 의존 명사는 띄어 쓴다.

아는 것이 힘이다. 나도 할 수 있다.

먹을 만큼 먹어라. 아는 이를 만났다.

네가 뜻한 바를 알겠다. 그가 떠난 지가 오래다.

제43항 단위를 나타내는 명사는 띄어 쓴다.

한 개 차 한 대 금 서 돈 소 한 마리

옷 한 벌 열 살 조기 한 손 연필 한 자루

버선 한 죽 집 한 채 신 두 켤레 북어 한 쾌

다만, 순서를 나타내는 경우나 숫자와 어울리어 쓰이는 경우에는 붙여 쓸 수 있다.

두시 삼십분 오초 제일과 삼학년 육층 1446년

10월 9일 2대대 16동 502호 제1실습실

제44항 수를 적을 적에는 '만(萬)' 단위로 띄어 쓴다.

십이억 삼천사백오십육만 칠천팔백구십팔 → 12억 3456만 7898

제45항 두 말을 이어 주거나 열거할 적에 쓰이는 다음의 말들은 띄어 쓴다.

국장 겸 과장 열 내지 스물 청군 대 백군

책상, 걸상 등이 있다. 이사장 및 이사들 사과, 배, 귤 등등

사과, 배 등속 부산, 광주 등지

제46항 단음절로 된 단어가 연이어 나타날 적에는 붙여 쓸 수 있다.

그때 그곳 좀더 큰 것 이말 저말 한잎 두잎

제3절 보조 용언

제47항 보조 용언은 띄어 씀을 원칙으로 하되, 경우에 따라 붙여 씀도 허용한다. (ㄱ을 원칙으로 하고, ㄴ을 허용함.)

ㄱ	ㄴ
불이 꺼져 **간다.**	불이 꺼져**간다.**
내 힘으로 막아 **낸다.**	내 힘으로 막아**낸다.**
어머니를 도와 **드린다.**	어머니를 도와**드린다.**
그릇을 깨뜨려 **버렸다.**	그릇을 깨뜨려**버렸다.**
비가 올 **듯하다.**	비가 올**듯하다.**
그 일은 할 **만하다.**	그 일은 할**만하다.**
일이 될 **법하다.**	일이 될**법하다.**
비가 올 **성싶다.**	비가 올**성싶다.**
잘 아는 **척한다.**	잘 아는**척한다.**

다만, 앞말에 조사가 붙거나 앞말이 합성 동사인 경우, 그리고 중간에 조사가 들어갈 적에는 그 뒤에 오는 보조 용언은 띄어 쓴다.

잘도 놀아만 나는구나! 책을 읽어도 보고…….
네가 덤벼들어 보아라. 강물에 떠내려가 버렸다.
그가 올 듯도 하다. 잘난 체를 한다.

제4절 고유 명사 및 전문 용어

제48항 성과 이름, 성과 호 등은 붙여 쓰고, 이에 덧붙는 호칭어, 관직명 등은 띄어 쓴다.

김양수(金良洙)　　서화담(徐花潭)　　채영신 씨
최치원 선생　　박동식 박사　　충무공 이순신 장군

다만, 성과 이름, 성과 호를 분명히 구분할 필요가 있을 경우에는 띄어 쓸 수 있다.

남궁억/남궁 억　독고준/ 독고 준　황보지봉(皇甫芝峰)/황보 지봉

제49항 성명 이외의 고유 명사는 단어별로 띄어 씀을 원칙으로 하되, 단위별로 띄어 쓸 수 있다. (ㄱ을 원칙으로 하고, ㄴ을 허용함.)

ㄱ	ㄴ
대한 중학교	대한중학교
한국 대학교 사범 대학	한국대학교 사범대학

제50항 전문 용어는 단어별로 띄어 씀을 원칙으로 하되, 붙여 쓸 수 있다. (ㄱ을 원칙으로 하고, ㄴ을 허용함.)

ㄱ	ㄴ
만성 골수성 백혈병	만성골수성백혈병
중거리 탄도 유도탄	중거리탄도유도탄

제6장 그 밖의 것

제51항 부사의 끝 음절이 분명히 '이'로만 나는 것은 '-이'로 적고, '히'로만 나거나 '이'나 '히'로 나는 것은 '히-'로 적는다.

1. '이'로만 나는 것

가붓이	깨끗이	나붓이	느긋이	둥긋이
따뜻이	반듯이	버젓이	산뜻이	의젓이
가까이	고이	날카로이	대수로이	번거로이
많이	적이	헛되이	겹겹이	번번이
일일이	집집이	틈틈이		

2. '히'로만 나는 것

극히	급히	딱히	속히	작히
족히	특히	엄격히	정확히	

3. '이, 히'로 나는 것

솔직히	가만히	간편히	나른히	무단히
각별히	소홀히	쓸쓸히	정결히	과감히
꼼꼼히	심히	열심히	급급히	답답히
섭섭히	공평히	능히	당당히	분명히
상당히	조용히	간소히	고요히	도저히

제52항 한자어에서 본음으로도 나고 속음으로도 나는 것은 각각 그 소리에 따라 적는다.

본음으로 나는 것	속음으로 나는 것
승낙(承諾)	수락(受諾), 쾌락(快諾), 허락(許諾)
만난(萬難)	곤란(困難), 논란(論難)
안녕(安寧)	의령(宜寧), 회령(會寧)
분노(忿怒)	대로(大怒), 희로애락(喜怒哀樂)
토론(討論)	의논(議論)
오륙십(五六十)	오뉴월, 유월(六月)
목재(木材)	모과(木瓜)
십일(十日)	시방정토(十方淨土), 시왕(十王), 시월(十月)
팔일(八日)	초파일(初八日)

제53항 다음과 같은 어미는 예사소리로 적는다. (ㄱ을 취하고, ㄴ을 버림.)

ㄱ	ㄴ	ㄱ	ㄴ
-(으)ㄹ거나	-(으)ㄹ꺼나	-(으)ㄹ걸	-(으)ㄹ껄
-(으)ㄹ게	-(으)ㄹ께	-(으)ㄹ세	-(으)ㄹ쎄
-(으)ㄹ세라	-(으)ㄹ쎄라	-(으)ㄹ수록	-(으)ㄹ쑤록
-(으)ㄹ시	-(으)ㄹ씨	-(으)ㄹ지	-(으)ㄹ찌
-(으)ㄹ지니라	-(으)ㄹ찌니라	-(으)ㄹ지라도	-(으)ㄹ찌라도
-(으)ㄹ지어다	-(으)ㄹ찌어다	-(으)ㄹ지언정	-(으)ㄹ찌언정
-(으)ㄹ진대	-(으)ㄹ찐대	-(으)ㄹ진저	-(으)ㄹ찐저
-올시다	-올씨다		

다만, 의문을 나타내는 다음 어미들은 된소리로 적는다.

-(으)ㄹ까?　　-(으)ㄹ꼬?　　-(스)ㅂ니까?　　-(으)리까?
-(으)ㄹ쏘냐?

제54항 다음과 같은 접미사는 된소리로 적는다. (ㄱ을 취하고 ㄴ을 버림.)

ㄱ	ㄴ	ㄱ	ㄴ
심부름꾼	심부름군	귀때기	귓대기
익살꾼	익살군	볼때기	볼대기
일꾼	일군	판자때기	판잣대기
장난꾼	장난군	뒤꿈치	뒷굼치
지게꾼	지겟군	팔꿈치	팔굼치
때깔	땟갈	이마빼기	이맛배기
빛깔	빛갈	코빼기	콧배기
성깔	성갈	객쩍다	객적다

제55항 두 가지로 구별하여 적던 다음 말들은 한 가지로 적는다. (ㄱ을 취하고 ㄴ을 버림.)

ㄱ	ㄴ
맞추다(입을 맞춘다. 양복을 맞춘다)	마추다
뻗치다(다리를 뻗친다. 멀리 뻗친다)	뻐치다

제56항 '-더라, -던'과 '-든지'는 다음과 같이 적는다.

1. 지난 일을 나타내는 어미는 '-더라, -던'으로 적는다. (ㄱ을 취하고 ㄴ을 버림.)

ㄱ	ㄴ
지난겨울은 몹시 춥더라.	지난겨울은 몹시 춥드라.
깊던 물이 얕아졌다.	깊든 물이 얕아졌다.
그렇게 좋던가?	그렇게 좋든가?
그 사람 말 잘하던데!	그 사람 말 잘하든데!
얼마나 놀랐던지 몰라.	얼마나 놀랐든지 몰라.

2. 물건이나 일의 내용을 가리지 아니하는 뜻을 나타내는 조사와 어미는 '(-)든지'로 적는다. (ㄱ을 취하고 ㄴ을 버림.)

ㄱ	ㄴ
배든지 사과든지 마음대로 먹어라.	배던지 사과던지 마음대로 먹어라.
가든지 오든지 마음대로 해라.	가던지 오던지 마음대로 해라.

제57항 다음 말들은 각각 구별하여 적는다.

가름: 둘로 가름

갈음: 새 책상으로 갈음하였다.

거름: 풀을 썩힌 거름

걸음: 빠른 걸음

거치다: 영월을 거쳐 왔다.
걷히다: 외상값이 잘 걷힌다.

걷잡다: 걷잡을 수 없는 상태
겉잡다: 겉잡아서 이틀 걸릴 일

그러므로(그러니까): 그는 부지런하다. 그러므로 잘 산다.
그럼으로(써)(그렇게 하는 것으로): 그는 열심히 공부한다. 그럼으로(써) 은혜에 보답한다.

노름: 노름판이 벌어졌다.
놀음(놀이): 즐거운 놀음

느리다: 진도가 너무 느리다.
늘이다: 고무줄을 늘인다.
늘리다: 수출량을 더 늘린다.

다리다: 옷을 다린다.
달이다: 약을 달인다.

다치다: 부주의로 손을 다쳤다.
닫히다: 문이 저절로 닫혔다.
닫치다: 문을 힘껏 닫쳤다.

마치다: 벌써 일을 마쳤다.
맞히다: 여러 문제를 더 맞혔다.

목거리: 목거리가 덧났다.

목걸이: 금 목걸이, 은 목걸이

바치다: 나라를 위해 목숨을 바쳤다.
받치다: 우산을 받치고 간다.

받히다: 쇠뿔에 받혔다.
밭치다: 술을 체에 밭친다.

반드시: 약속은 반드시 지켜라.
반듯이: 고개를 반듯이 들어라.

부딪치다: 차와 차가 마주 부딪쳤다.
부딪히다: 마차가 화물차에 부딪혔다.

부치다: 힘이 부치는 일이다.
편지를 부치다.
논밭을 부친다.
빈대떡을 부친다.
식목일에 부치는 글
회의에 부치는 안건
인쇄에 부치는 원고
삼촌 집에 숙식을 부친다.
붙이다: 우표를 붙이다.
책상을 벽에 붙였다.
흥정을 붙인다.
불을 붙인다.

감시원을 붙인다.

조건을 붙인다.

취미를 붙인다.

별명을 붙인다.

시키다: 일을 시킨다.

식히다: 끓인 물을 식힌다.

아름: 세 아름 되는 둘레

알음: 전부터 알음이 있는 사이

앎: 앎이 힘이다.

안치다: 밥을 안친다.

앉히다: 윗자리에 앉힌다.

어름: 두 물건의 어름에서 일어난 현상

얼음: 얼음이 얼었다.

이따가: 이따가 오너라.

있다가: 돈은 있다가도 없다.

저리다: 다친 다리가 저린다.

절이다: 김장 배추를 절인다.

조리다: 생선을 조린다. 통조림, 병조림

졸이다: 마음을 졸인다.

주리다: 여러 날을 주렸다.

줄이다: 비용을 줄인다.

하노라고: 하노라고 한 것이 이 모양이다.

하느라고: 공부하느라고 밤을 새웠다.

–느니보다(어미): 나를 찾아 오느니보다 집에 있거라

–는 이보다(의존 명사): 오는 이가 가는 이보다 많다.

–(으)리만큼(어미): 나를 미워하리만큼 그에게 잘못한 일이 없다.

–(으)ㄹ 이만큼(의존 명사): 찬성할 이도 반대할 이만큼이나 많을 것이다.

–(으)러(목적): 공부하러 간다.

–(으)려(의도): 서울 가려 한다.

–(으)로서(자격): 사람으로서 그럴 수는 없다.

–(으)로써(수단): 닭으로써 꿩을 대신했다.

–(으)므로(어미): 그가 나를 믿으므로 나도 그를 믿는다.

(–ㅁ, –음)으로(써)(조사): 그는 믿음으로(써) 산 보람을 느꼈다.

[문장 부호]

I. 마침표[終止符]

1. 온점(.), 고리점(｡)

가로쓰기에는 온점, 세로쓰기에는 고리점을 쓴다.

(1) 서술, 명령, 청유 등을 나타내는 문장의 끝에 쓴다.

젊은이는 나라의 기둥이다.
황금 보기를 돌같이 하라.
집으로 돌아가자.

다만, 표제어나 표어에는 쓰지 않는다.

압록강은 흐른다(표제어)
꺼진 불도 다시 보자(표어)

(2) 아라비아 숫자만으로 연월일을 표시할 적에 쓴다.

1919. 3. 1. (1919년 3월 1일)

(3) 표시 문자 다음에 쓴다.

1. 마침표　　ㄱ. 물음표　　가. 인명

(4) 준말을 나타내는 데 쓴다.

서. 1987. 3. 5.(서기)

2. 물음표(?)

의심이나 물음을 나타낸다.

(1) 직접 질문할 때에 쓴다.

이제 가면 언제 돌아오니?

이름이 뭐지?

(2) 반어나 수사 의문(修辭疑問)을 나타낼 때 쓴다.

제가 감히 거역할 리가 있습니까?

이게 은혜에 대한 보답이냐?

남북통일이 되면 얼마나 좋을까?

(3) 특정한 어구 또는 그 내용에 대하여 의심이나 빈정거림, 비웃음 등을 표시할 때, 또는 적절한 말을 쓰기 어려운 경우에 소괄호 안에 쓴다.

그것 참 훌륭한(?) 태도야.

우리 집 고양이가 가출(?)을 했어요.

[붙임 1] 한 문장에서 몇 개의 선택적인 물음이 겹쳤을 때에는 맨 끝의 물음에만 쓰지만, 각각 독립된 물음인 경우에는 물음마다 쓴다.

너는 한국인이냐, 중국인이냐?

너는 언제 왔니? 어디서 왔니? 무엇하러?

[붙임 2] 의문형 어미로 끝나는 문장이라도 의문의 정도가 약할 때에는 물음표 대신 온점(또는 고리점)을 쓸 수도 있다.

이 일을 도대체 어쩐단 말이냐.

아무도 그 일에 찬성하지 않을 거야. 혹 미친 사람이면 모를까.

3. 느낌표(!)

감탄이나 놀람, 부르짖음, 명령 등 강한 느낌을 나타낸다.

(1) 느낌을 힘차게 나타내기 위해 감탄사나 감탄형 종결어미 다음에 쓴다.

앗!

아, 달이 밝구나!

(2) 강한 명령문 또는 청유문에 쓴다.

지금 즉시 대답해!

부디 몸조심하도록!

(3) 감정을 넣어 다른 사람을 부르거나 대답할 적에 쓴다.

춘향아!

예, 도련님!

(4) 물음의 말로써 놀람이나 항의의 뜻을 나타내는 경우에 쓴다.

이게 누구야!

내가 왜 나빠!

[붙임] 감탄형 어미로 끝나는 문장이라도 감탄의 정도가 약할 때에는 느낌표 대신 온점(또는 고리점)을 쓸 수도 있다.

개구리가 나온 것을 보니, 봄이 오긴 왔구나.

Ⅱ. 쉼표[休止符]

1. 반점(,), 모점(、)

가로쓰기에는 반점, 세로쓰기에는 모점을 쓴다.

문장 안에서 짧은 휴지를 나타낸다.

(1) 같은 자격의 어구가 열거될 때에 쓴다.

근면, 검소, 협동은 우리 겨레의 미덕이다.

충청도의 계룡산, 전라도의 내장산, 강원도의 설악산은 모두 국립 공원이다.

다만, 조사로 연결될 적에는 쓰지 않는다.

매화와 난초와 국화와 대나무를 사군자라고 한다.

(2) 짝을 지어 구별할 필요가 있을 때에 쓴다.

닭과 지네, 개와 고양이는 상극이다.

(3) 바로 다음의 말을 꾸미지 않을 때에 쓴다.

슬픈 사연을 간직한, 경주 불국사의 무영탑

성질 급한, 철수의 누이동생이 화를 내었다.

(4) 대등하거나 종속적인 절이 이어질 때에 절 사이에 쓴다.

콩 심으면 콩 나고, 팥 심으면 팥 난다.

흰 눈이 내리니, 경치가 더욱 아름답다.

(5) 부르는 말이나 대답하는 말 뒤에 쓴다.

애야, 이리 오너라.

예, 지금 가겠습니다.

(6) 제시어 다음에 쓴다.

빵, 이것이 인생의 전부이더냐?

용기, 이것이야말로 무엇과도 바꿀 수 없는 젊은이의 자산이다.

(7) 도치된 문장에 쓴다.

이리 오세요, 어머님.

다시 보자, 한강수야.

(8) 가벼운 감탄을 나타내는 말 뒤에 쓴다.

아, 깜빡 잊었구나.

(9) 문장 첫머리의 접속이나 연결을 나타내는 말 다음에 쓴다.

첫째, 몸이 튼튼해야 된다.

아무튼, 나는 집에 돌아가겠다.

다만, 일반적으로 쓰이는 접속어(그러나, 그러므로, 그리고, 그런데 등) 뒤에는 쓰지 않음을 원칙으로 한다.

그러나 너는 실망할 필요가 없다.

(10) 문장 중간에 끼어든 구절 앞뒤에 쓴다.

나는, 솔직히 말하면, 그 말이 별로 탐탁하지 않소.

철수는 미소를 띠고, 속으로는 화가 치밀었지만, 그들을 맞았다.

(11) 되풀이를 피하기 위하여 한 부분을 줄일 때에 쓴다.

여름에는 바다에서, 겨울에는 산에서 휴가를 즐겼다.

(12) 문맥상 끊어 읽어야 할 곳에 쓴다.

갑돌이가 울면서, 떠나는 갑순이를 배웅했다.
철수가, 내가 제일 좋아하는 친구이다.
남을 괴롭히는 사람들은, 만약 그들이 다른 사람에게 괴롭힘을 당해 본다면, 남을 괴롭히는 일이 얼마나 나쁜 일인지 깨달을 것이다.

(13) 숫자를 나열할 때에 쓴다.

1, 2, 3, 4

(14) 수의 폭이나 개략의 수를 나타낼 때에 쓴다.

5, 6 세기　　6, 7 개

(15) 수의 자릿점을 나타낼 때에 쓴다.

14,314

2. 가운뎃점(·)

열거된 여러 단위가 대등하거나 밀접한 관계임을 나타낸다.

(1) 쉼표로 열거된 어구가 다시 여러 단위로 나누어질 때에 쓴다.

철수 · 영이, 영수 · 순이가 서로 짝이 되어 윷놀이를 하였다.
공주 · 논산, 천안 · 아산 · 천원 등 각 지역구에서 2명씩 국회 의원을 뽑는다.

시장에 가서 사과 · 배 · 복숭아, 고추 · 마늘 · 파, 조기 · 명태 · 고등어를 샀다.

(2) 특정한 의미를 가지는 날을 나타내는 숫자에 쓴다.

3 · 1 운동 8 · 15 광복

(3) 같은 계열의 단어 사이에 쓴다.

경북 방언의 조사 · 연구

충북 · 충남 두 도를 합하여 충청도라고 한다.

동사 · 형용사를 합하여 용언이라고 한다.

3. 쌍점(:)

(1) 내포되는 종류를 들 적에 쓴다.

문장 부호: 마침표, 쉼표, 따옴표, 묶음표 등

문방사우: 붓, 먹, 벼루, 종이

(2) 소표제 뒤에 간단한 설명이 붙을 때에 쓴다.

일시: 1984년 10월 15일 10시

마침표: 문장이 끝남을 나타낸다.

(3) 저자명 다음에 저서명을 적을 때에 쓴다.

정약용: 목민심서, 경세유표

주시경: 국어 문법, 서울 박문서관, 1910.

(4) 시(時)와 분(分), 장(章)과 절(節) 따위를 구별할 때나, 둘 이상을 대비할 때에 쓴다.

오전 10 : 20 (오전 10시 20분)

요한 3 : 16 (요한복음 3장 16절)

대비 65 : 60 (65대 60)

4. 빗금(/)

(1) 대응, 대립되거나 대등한 것을 함께 보이는 단어와 구, 절 사이에 쓴다.

남궁만/남궁 만　　　　　백이십오 원/125원

착한 사람/악한 사람　　　맞닥뜨리다/맞닥트리다

(2) 분수를 나타낼 때에 쓰기도 한다.

3/4 분기　　　　3/20

Ⅲ. 따옴표[引用符]

1. 큰따옴표(“ ”), 겹낫표(『 』)

가로쓰기에는 큰따옴표, 세로쓰기에는 겹낫표를 쓴다.

대화, 인용, 특별 어구 따위를 나타낸다.

(1) 글 가운데서 직접 대화를 표시할 때에 쓴다.

“전기가 없었을 때는 어떻게 책을 보았을까?”

“그야 등잔불을 켜고 보았겠지.”

(2) 남의 말을 인용할 경우에 쓴다.

예로부터 "민심은 천심이다."라고 하였다.
"사람은 사회적 동물이다."라고 말한 학자가 있다.

2. 작은 따옴표(' '), 낫표 (「 」)

가로쓰기에는 작은따옴표, 세로쓰기에는 낫표를 쓴다.

(1) 따온 말 가운데 다시 따온 말이 들어 있을 때에 쓴다.

"여러분! 침착해야 합니다. '하늘이 무너져도 솟아날 구멍이 있다.'고 합니다."

(2) 마음속으로 한 말을 적을 때에 쓴다.

'만약 내가 이런 모습으로 돌아간다면 모두들 깜짝 놀라겠지.'

[붙임] 문장에서 중요한 부분을 두드러지게 하기 위해 드러냄표 대신에 쓰기도 한다.

지금 필요한 것은 '지식'이 아니라 '실천'입니다.
'배부른 돼지'보다는 '배고픈 소크라테스'가 되겠다.

Ⅳ. 묶음표[括弧符]

1. 소괄호(( ))

(1) 원어, 연대, 주석, 설명 등을 넣을 적에 쓴다.

커피(coffee)는 기호 식품이다.

3 · 1 운동(1919) 당시 나는 중학생이었다.

'무정(無情)'은 춘원(6 · 25 때 납북)의 작품이다.

니체(독일의 철학자)는 이렇게 말했다.

(2) 특히 기호 또는 기호적인 구실을 하는 문자, 단어, 구에 쓴다.

(1) 주어 (ㄱ) 명사 (라) 소리에 관한 것

(3) 빈 자리임을 나타낼 적에 쓴다.

우리나라의 수도는 ( )이다.

2. 중괄호({ })

여러 단위를 동등하게 묶어서 보일 때에 쓴다.

주격 조사 {이 / 가}　　국가의 3 요소 {국토 / 국민 / 주권}

3. 대괄호([ ])

(1) 묶음표 안의 말이 바깥 말과 음이 다를 때에 쓴다.

나이[年歲]　　낱말[單語]　　手足[손발]

(2) 묶음표 안에 또 묶음표가 있을 때에 쓴다.

명령에 있어서의 불확실[단호(斷乎)하지 못함]은 복종에 있어서의 불확실[모호(模糊)함]을 낳는다.

V. 이음표[連結符]

1. 줄표(—)

이미 말한 내용을 다른 말로 부연하거나 보충함을 나타낸다.

(1) 문장 중간에 앞의 내용에 대해 부연하는 말이 끼어들 때 쓴다.

그 신동은 네 살에—보통 아이 같으면 천자문도 모를 나이에—벌써 시를 지었다.

(2) 앞의 말을 정정 또는 변명하는 말이 이어질 때 쓴다.

어머님께 말했다가—아니 말씀드렸다가—꾸중만 들었다.
이건 내 것이니까—아니, 내가 처음 발견한 것이니까—절대로 양보할 수가 없다.

2. 붙임표(-)

(1) 사전, 논문 등에서 합성어를 나타낼 적에, 또는 접사나 어미임을 나타낼 적에 쓴다.

겨울-나그네　　불-구경　　손-발
휘-날리다　　슬기-롭다　　-(으)ㄹ걸

(2) 외래어와 고유어 또는 한자어가 결합되는 경우에 쓴다.

나일론-실　　디-장조　　빛-에너지
염화-칼륨

3. 물결표(~)

(1) '내지'라는 뜻에 쓴다.

9월 15일~9월 25일

(2) 어떤 말의 앞이나 뒤에 들어갈 말 대신 쓴다.

새마을: ~운동　　~노래
-가(家): 음악~　　미술~

VI. 드러냄표[顯在符]

1. 드러냄표(˚, ˙)

'·'이나 '˚'을 가로쓰기에는 글자 위에, 세로쓰기에는 글자 오른쪽에 쓴다.

문장 내용 중에서 주의가 미쳐야 할 곳이나 중요한 부분을 특별히 드러내 보일 때 쓴다.

한글의 본 이름은 훈민정음이다.

중요한 것은 왜 사느냐가 아니라 어떻게 사느냐 하는 문제이다.

[붙임] 가로쓰기에서는 밑줄(____, ~~~~)을 치기도 한다.

다음 보기에서 명사가 아닌 것은?

Ⅶ. 안드러냄표[潛在符]

1. 숨김표(××, ○○)

알면서도 고의로 드러내지 않음을 나타낸다.

(1) 금기어나 공공연히 쓰기 어려운 비속어의 경우, 그 글자의 수효만큼 쓴다.

배운 사람 입에서 어찌 ○○○란 말이 나올 수 있느냐?

그 말을 듣는 순간 ××란 말이 목구멍까지 치밀었다.

(2) 비밀을 유지할 사항일 경우, 그 글자의 수효만큼 쓴다.

육군 ○○부대 ○○○이 작전에 참가하였다.

그 모임의 참석자는 김××씨, 정××씨 등 5명이었다.

2. 빠짐표(□)

글자의 자리를 비워 둠을 나타낸다.

(1) 옛 비문이나 서적 등에서 글자가 분명하지 않을 때에 그 글자의 수효만큼 쓴다.

大師爲法主□□□賴之大□薦 (옛 비문)

(2) 글자가 들어가야 할 자리를 나타낼 때 쓴다.

훈민정음의 초성 중에서 아음(牙音)은 □□□의 석 자다.

3. 줄임표(……)

(1) 할 말을 줄였을 때에 쓴다.

"어디 나하고 한 번……."

하고 철수가 나섰다.

(2) 말이 없음을 나타낼 때에 쓴다.

"빨리 말해!"

"……."

참고문헌

고려대학교, 『글쓰기의 기초』, 고려대 출판부, 2005.

________, 『인문학과 글쓰기』, 고려대 출판부, 2005.

________, 『사회과학과 글쓰기』, 고려대 출판부, 2005.

________, 『자연과학과 글쓰기』, 고려대 출판부, 2005.

김경태, 『스티브 잡스의 프레젠테이션』, 멘토르, 2009.

신형기 외, 『과학글쓰기』, 사이언스북스, 2006.

유정아, 『말하기 강의』, 문학동네, 2009.

이재승, 『글쓰기 교육의 원리와 방법』, 교육과학사, 2002.

이정옥, 『토론의 전략』, 문학과지성사, 2008.

정희모, 이재성, 『글쓰기의 전략』, 들녘, 2005.

정희모, 『글쓰기 교육과 협력학습』, 삼인, 2006.

정희모 외, 『대학글쓰기』, 삼인, 2008.

전남대학교, 『대학 교양교육에 대한 분과 학문의 성찰』, 전남대 출판부, 2005.

최웅 외, 『과학 기술자를 위한 이공계 글쓰기』, 북스힐, 2006.

한철우 외, 『사고와 표현』, 교학사, 2003.

Bernd Kast, 안미란, 최정순 옮김, 『쓰기교수법』, 한국문화사, 2007.

기노시타 고레오, 김성수 역, 『과학 글쓰기 핸드북』, 사이언스북스, 2006.

로버트 루트번스타인, 박종성 옮김, 『생각의 탄생』, 에코의 서재, 2007.

루츠 폰 베르더, 바바라 슐테 슈타이니케, 김동희 옮김, 『즐거운 글쓰기』, 들녘, 2004.

린다 플라워, 원진숙 옮김, 『글쓰기의 문제해결전략』, 동문선, 1998.

마릴린 모라이어티, 정희모, 김성수, 이재성 옮김, 『비판적 사고와 과학 글쓰기』, 연세대 출판부, 2008.

대학 글쓰기와 토론

2010년 8월 25일 1판 1쇄 인쇄
2013년 1월 20일 1판 3쇄 발행

저 자 ● **서 재 원**
발 행 자 ● **조 승 식**
발 행 처 ● (주) 도서출판 **북스힐**
서울시 강북구 수유2동 240-225
등 록 ● 제 22-457호

TEL (02) 994-0071(代)
FAX (02) 994-0073
E-MAIL www.bookshill.com

잘못된 책은 교환해 드립니다.

값 10,000원

ISBN 978-89-5526-611-5